W0048552

Kurt Langbein

# LANDRAUB

Kurt Langbein

# LANDRAUB

**eco**WIN

FSC
www.fsc.org
MIX
Papier aus ver-
antwortungsvollen
Quellen
FSC® C012536

Das für dieses Buch verwendete FSC-zertifizierte Papier
EOS lieferte Salzer, St. Pölten.

Medieninhaber, Verleger und Herausgeber:
Red Bull Media House GmbH
Oberst-Lepperdinger-Straße 11–15
5071 Wals bei Salzburg, Österreich

Gesamtherstellung: Buch.Bücher Theiss, www.theiss.at
Umschlaggestaltung: Frank Behrendt
Umschlagabbildung: Langbein & Partner
Abbildungen Innenteil: Langbein & Partner

Printed in Austria
ISBN 978-3-7110-0073-6

1 2 3 4 5 6 7 8 / 18 17 16 15

# Inhalt

# Vorwort

Ich habe mich schon lange nicht mehr intensiv mit Landwirtschaft beschäftigt, und erst in den letzten Jahren wurde mir allmählich wieder klar, wie bedeutsam der Boden und die darauf lebenden Pflanzen für unser Leben sind. »Irrsinn mit Methode« hieß mein erster TV-Film zum Thema Anfang der 1980er-Jahre. Damals ging es um Milchüberschüsse, die hoch subventioniert als Milchpulver im Jemen landeten und dort – weil mit verschmutztem Wasser angerührt – für den Tod vieler Babys verantwortlich waren. Und darum, dass diese Überproduktion von Milch in Europa von Hochleistungskühen stammt, die mit Soja aus Brasilien gefüttert wurden – was dort wiederum der Bevölkerung Land für die Nahrungsproduktion nahm. Ein Kreislauf, den der damalige Caritas-Chef Prälat Leopold Unger als »Irrsinn mit Methode« bezeichnete und damit dem Film seinen Titel gab.

Der Irrsinn ist geblieben, die Methoden allerdings haben sich verändert.

»Gift-Grün. Chemie in der Landwirtschaft und die Folgen« hieß 1986 ein Buch, für das ich in Ostafrika die Folgen des massiven Pestizideinsatzes recherchierte.[1] Schon damals haben die Chemiekartelle und Nahrungskonzerne begonnen, die Bebauung des Bodens nach ihrer Logik zu gestalten, die so wenig mit der des menschlichen Lebens und den Gesetzen der Natur zusammenpasst.

Als der Journalist Christian Brüser mir im Sommer 2012 von Land Grabbing erzählte, kannte ich zwar seine tollen Radio-Features zum Thema und hatte dazu auch einiges gelesen, aber die Bedeutung dieser radikalen Weiterentwicklung des Spekulationsgeschäftes war mir nicht voll bewusst. Brüser berichtete von den

Investorengruppen in Europa, die nun verstärkt den Landkauf in den ärmsten Ländern als sicheres und höchst gewinnträchtiges Investment anpreisen. Und er erzählte von der brutalen Vertreibung der Landbevölkerung dort, wo die Investoren zugeschlagen haben. Mein Interesse war mehr als geweckt: ein globales Thema, noch nicht genau erschlossen – und es hat viel mit uns zu tun.

Dass nun die Spekulation so weit ausufert, dass die Reichsten den Ärmsten den Boden unter den Füßen wegkaufen, gibt der Lebensfeindlichkeit unseres Finanzsystems einen neuen Ausdruck.

Das vorliegende Buch und der Film mit dem Titel »Landraub«[2] dokumentieren, wie weit die Kluft zwischen bäuerlicher Produktion und der Profitlogik von Großinvestoren schon fortgeschritten ist – wahrscheinlich die bedeutsamste Weichenstellung auf unserem Planeten. Denn die Agrarindustrie garantiert keineswegs die Ernährungssicherheit, wie sie selbst und viele Medien behaupten – und wie ich es eigentlich bis zum Beginn der Recherchen für dieses Projekt auch ein wenig geglaubt habe. Sie zerstört die Sozialstrukturen und die Böden, und sie verbraucht mehr Energie, als sie produziert.

*Kleinbauern in Äthiopien: »Der Schlüssel für die Ernährung der Zukunft der Welt liegt bei den Kleinbauern«, sagt der Agrarwissenschaftler und Biobauer Felix zu Löwenstein.*

Mir war bewusst, dass Großkonzerne wie Monsanto mit ihrer von der Politik unterstützten Strategie das Saatgut gleichermaßen denaturieren wie monopolisieren und dass Gentechnik und Chemie gemeinsam eine fatale Dynamik entwickeln. Die Alternativen dazu – bäuerliche Biobetriebe und Direktvermarktung – erschienen mir zwar erstrebenswert, und ich war stets deren überzeugter Kunde, als gesellschaftlicher Gegenentwurf aber waren sie mir zu verträumt und zu wenig leistungsfähig. Vor allem Felix zu Löwenstein, der zum Wegbegleiter der Filmarbeiten wurde, überzeugte mich, dass die industrielle Landwirtschaft eine fundamentale Sackgasse ist. Sein Buch »Food Crash« belegt, dass nicht die mangelnde Produktionssteigerung, sondern der verschwenderische Umgang mit den natürlichen Ressourcen und den Lebensmitteln die Ernährung der Menschheit gefährden.[3] Einen Teil der Recherchen für Löwensteins neues Buch »Es ist genug da. Für alle. Wenn wir den Hunger bekämpfen, nicht die Natur« begleiteten wir mit der Kamera.[4] Der Agrarwissenschaftler und Biobauer, der in Südhessen auf seinem Gut Habitzheim vor allem Arzneipflanzen anbaut, kann überzeugend belegen, dass Kleinbauern, gewerbliche Fischer und Urban Farming, also Nutzung von Grünflächen in Städten, jetzt schon 70 Prozent der Nahrungsmittel produzieren – und dass diese bäuerlichen Strukturen, wenn sie mit modernen Methoden begleitet werden, den Schlüssel für die Ernährung der Zukunft in der Hand haben: Sie schonen die Böden, verbrauchen viel weniger Energie, als sie herstellen, und geben Millionen Menschen Arbeit und Perspektive.

Die Politik hat es in der Hand, die Rahmenbedingungen so zu gestalten, dass Bauern eine Chance haben, zu überleben und ihre Methoden zu verfeinern.

# Bodenständiges

Boden erscheint uns selbstverständlich, er ist einfach da. Aber in einer Handvoll Humus leben mehr Mikroorganismen als Menschen auf der Erde. Unter einem Hektar Fläche, das sind 100 mal 100 Meter oder etwas mehr als ein Fußballfeld, leben 15 Tonnen Bodenlebewesen. Das entspricht dem Gewicht von 20 Kühen. Humus speichert auch Nährstoffe und Wasser und enthält Kohlenstoff, den zuvor auf ihm gedeihende Pflanzen aus der Luft aufgenommen haben. Im Humus ist fast dreimal mehr Kohlenstoff gebunden als in der gesamten lebenden Biomasse.[5]

Auf dem Boden gedeihen Lebewesen, die wir für nicht intelligent halten, obwohl sie es zustande bringen, sich von nichts anderem als Licht, Luft, Wasser – und den Nährstoffen aus dem Boden zu ernähren.

Die intelligente Nutzung von Boden und Pflanzen steht am Beginn der Menschheitsgeschichte. Weiterentwicklungen zur Verbesserung der Bodennutzung und Nutzbarkeit von Pflanzen sind die Basis für die Entwicklung unserer Zivilisation. Fehleinschätzungen dabei führten allerdings immer wieder zu Hungersnöten und massenhaftem Tod. Erst die letzten fünf, sechs Jahrzehnte verstrichen – zumindest im reicheren Teil der Erde – ohne Hunger. Viele sahen dafür die »grüne Revolution« verantwortlich, deren Protagonisten seit den 1960er-Jahren den Boden mit Chemikalien ertragreicher machten und darauf mit künstlicher Bewässerung Hochertragssorten züchteten. Mit giftigen Chemikalien vernichteten sie dabei systematisch Pflanzen und Tiere, die diesen Pflanzen Konkurrenz machten. Der Einsatz von Rohstoffen für Kunstdünger und Erdöl kompensierte den Mangel an Land. Kaum beachtet wurden die Grenzen, an die diese Form der nicht nachhaltigen Landwirtschaft stieß. Das änderte sich erst zur Jahrtausendwende, als die ökologischen Schäden dieser industriellen Landwirtschaft in allen Teilen der Welt deutlich wurden.

Das Land und seine Nutzung haben Geschichte, Politik und Kultur der Völker geprägt. Die Formen der Nutzung von und der Verfügung über Land haben Gesellschaften geformt – oft auch verformt. Wer den Boden besitzt, dem gehört die Zukunft – um Land wurde gekämpft, die großen Kriege waren stets auch Kriege um Land. Noch im 20. Jahrhundert sicherten sich Nationalstaaten dieses mit Waffengewalt.

Dann übernahm Geld die Rolle der Waffen. Mit zunehmender Liberalisierung und Globalisierung des Agrarhandels seit den 1980er-Jahren schlug die Stunde der großen Agrar-Handelsunternehmen. Wir kennen nur die Lebensmittel-Multis wie Nestlé, Kraft und Unilever, die uns die Produkte direkt verkaufen. Die riesigen Agrarproduzenten dagegen bleiben fast anonym, sie wickeln ihre Geschäfte lieber diskret ab. Mit weltweiten Niederlassungen bewegen die großen vier – Bunge, Cargill, Louis Dreyfus und ADM – und zahlreiche weitere Großhändler Massenprodukte aus den Ursprungsländern entlang des Äquators hin zu den Zentren der Verarbeitung bei Nestlé, Unilever und Co. und in der Folge zu den Konsumenten in den Industrie- und Schwellenländern. Der US-Konzern Bunge etwa hat 450 Niederlassungen in 32 Staaten und gilt als der Ölspezialist, Louis Dreyfus mit Sitz in Paris setzt auf Zitrusfrüchte, Zucker, Kaffee und Baumwolle. Die anderen beiden Konzerne gelten als die Universalisten unter den Agrar-Rohstoffhändlern: Cargill aus Minnesota mit 145.000 Mitarbeitern und die Chicagoer Archer Daniels Midland Company (ADM) mit Niederlassungen in 140 Ländern. Sie finanzieren sich durch Aktien, die 2015 doppelt so viel Wert sind wie fünf Jahre davor.

Landknappheit wird auf diese Weise ausgelagert: Man kauft sich jenseits der Grenzen die Flächen, die benötigt werden, gleichgültig, welche Veränderungen das dort auslöst. Land, eigentlich immobil, ist damit zum flexiblen Produktionsfaktor geworden.

Weil fossile Brennstoffe nicht mehr grenzenlos eingesetzt werden können oder dürfen, brauchen wir immer mehr Land: für Nahrung, Futtermittel sowie Biomasse für Treibstoffe, chemische Produkte und Textilien.

Gleichzeitig wird Ackerland rarer. Jedes Jahr gehen etwa zehn Millionen Hektar Agrarfläche durch Erosion verloren, weil die industrielle Landwirtschaft immer weniger Bäume und Sträucher als Windschutz wachsen lässt und weil in riesigen Monokulturen auch Wasser leichtes Spiel hat, die Krume wegzuschwemmen. Und wir verbauen und betonieren jedes Jahr weltweit drei Millionen Hektar zu, das ist mehr als doppelt so viel wie Österreich Ackerland hat.[6]

Die Neubildung einer zwei Zentimeter starken Humusschicht für einen fruchtbaren Acker dauert etwa 500 Jahre.

Dazu kommt die Versiegelung der Böden. Während Städte heute etwa zwei Prozent der Erdoberfläche in Anspruch nehmen, werden sie 2050 schon vier bis fünf Prozent belegen, eine Steigerung von 250 auf 420 Millionen Hektar. Der Verlust der Agrarflächen wird kompensiert, indem Wälder und Steppen gerodet werden. Von 1961 bis 2007 weiteten sich die Ackerflächen der Welt um rund elf Prozent oder 150 Millionen Hektar aus. Wüchse die heutige Nachfrage nach Agrarprodukten unverändert weiter, müssten bis 2050 rund 500 Millionen Hektar neues Ackerland erschlossen werden – das ist mehr, als Indien Fläche hat.[7]

Aber so viel Fläche steht gar nicht mehr zur Verfügung. Gleichzeitig bevölkern immer mehr Menschen die Erde. Deshalb steht auch immer weniger Ackerfläche für die Ernährung eines einzelnen Menschen zur Verfügung. 1960 waren es für einen Erdenbürger durchschnittlich noch 0,5 Hektar, auch das war allerdings schon ungleich verteilt. Parallel zur wachsenden globalen Ungleichheit an Vermögen, Einkommen und Bildung steigt auch die Ungleichheit an Verfügbarkeit von landwirtschaftlicher Fläche.

*Ackerland wird immer rarer: Wir verbauen und betonieren jedes Jahr weltweit drei Millionen Hektar zu, das ist mehr als doppelt so viel wie Österreich Ackerland hat.*

Ein Bewohner der Industriestaaten verbraucht heute immer noch Pflanzen, die auf 0,5 Hektar wachsen. Im Rest der Welt muss sich ein Durschnittsbürger dagegen mit 0,2 Hektar begnügen. Anders ausgedrückt: Fast 60 Prozent der Lebensmittel und Agrarprodukte, die wir Europäer derzeit konsumieren, wachsen nicht in Europa, sondern in den ärmeren Ländern, wo ohnehin schon Knappheit herrscht.[8]

Und die Ungleichheit wird noch größer: Im Jahr 2050, schätzen die Forscher der Heinrich-Böll-Stiftung, werden die Bewohner der Industriestaaten immer noch 0,4 Hektar nutzen können, für einen Durchschnittsmenschen überall anders müssen dann 0,1 Hektar reichen.

# Kolonialismus 2.0

Damit ist nach den geltenden wirtschaftlichen Gesetzen allerdings auch klar, dass ein knapper werdendes Gut bei steigendem Bedarf an Wert zunimmt.

Nach der Finanzkrise 2008 hat das globale Finanzkapital folgerichtig die Äcker der Welt als Geschäftsfeld entdeckt. Banken, Pensions- und Investmentfonds sowie Großkonzerne eignen sich riesige Ländereien an – meist schließen sie mit Regierungen Megadeals ab, durch die sie für einige Euro im Jahr Riesenflächen für 50 bis 100 Jahre pachten. Mit dem Landraub wollen sich die Reichsten der Welt Zugriff auf die wichtigste Ressource dieser Welt sichern. Statt Bauern bestimmen dann Profitinteressen über

*Wer das Land besitzt, dem gehört die Zukunft: Dreharbeiten mit vertriebenen Bauern bei ihren zerstörten Häusern für den Dokumentarfilm »Landraub« in Kambodscha.*

die Böden. Wenn wir diesen Raubzug nicht verhindern, werden unsere Lebensgrundlagen zerstört.

Das ist knapp gesagt die Erkenntnis, die mich zwei Jahre lang rund um den Erdball bewegt hat. Für den Dokumentarfilm »Landraub« besuchten wir die Täter und Opfer des neuen Kolonialismus. Ihr Selbstbild könnte unterschiedlicher nicht sein. Die einen sprechen von gesundem Wirtschaften, Sicherung der Nahrungsversorgung für die Welt und Wohlstand für alle. Die anderen erzählen von Vertreibung, Versklavung und vom Verlust der wirtschaftlichen und sozialen Lebensgrundlagen.

Dazu kommt noch die Bedrohung der Erde insgesamt. Denn industrielle Landwirtschaft bewahrt die Menschheit nicht vor dem Hunger. Sie zerstört auch unseren Planeten: Derzeit werden immer noch 70 Prozent aller Nahrungsmittel von Kleinbauern und gewerblichen Fischern produziert. Und entgegen allen Bildern, die uns in den letzten Jahrzehnten eingetrichtert wurden, ist die Agrarindustrie insgesamt keineswegs effizienter, als Bauern es sind. Der Ertrag pro Hektar ist zwar insgesamt höher, wenngleich auch hier mit modernen Methoden der Ertrag der Kleinbauern annähernd auf das Industrieniveau gesteigert werden kann. Aber wesentlicher ist, dass die industrielle Landwirtschaft mit ihrem enormen Materialeinsatz für Maschinen und Hybrid-Saatgut, mit ihrem gewaltigen Energieeinsatz für chemische Düngung, Pestizide und künstliche Bewässerung sowie mit ihrer langfristigen Zerstörung der Böden eine weit schlechtere Gesamt-Ökobilanz aufweist als Kleinbauern.

Der Potsdamer Agrarforscher Peter Clausing hat hochgerechnet, wie enorm die Unterschiede sind:[9]

Kleinbauern produzieren zehnmal mehr Energie, als sie verbrauchen.

Genau umgekehrt ist es bei der industriellen Landwirtschaft mit ihrem massiven Einsatz an Maschinen, Treibstoff und Chemie. Die Agrarindustrie verbraucht zehnmal mehr Energie, als sie herstellt.

Damit würde die Umwandlung der Bodennutzung von klein-bäuerlichem Handwerk auf Großindustrie etwa so heftige Auswirkungen auf das Weltklima haben, wie die Umwandlung von Wald in Ackerfläche bereits gehabt hat – wie auch eine Studie im angesehenen Fachblatt »Nature Climate Change« errechnet.[10]

Es ist daher nicht nur eine Frage globaler Gerechtigkeit, den Landraub zu stoppen – es geht auch um die Zukunft des Planeten. Eine Fläche größer als die Äcker Europas wurde in den letzten Jahren bereits von den Investorengruppen aufgekauft und der Logik großindustrieller Produktion unterworfen. Die Bauern und indigenen Völker mussten weichen. Statt Nahrung für die Region anzupflanzen, wird im großen Stil für die Märkte der wohlhabenden Länder produziert.

Der Preis dafür ist mehrfach hoch: Hunderttausende verlieren jedes Jahr mit dem Boden Lebensgrundlage und Arbeitsplatz. Sie strömen in die Städte, aber dieser Wandel verläuft anders als in Europa vor 150 Jahren. In den Städten der Dritten Welt gibt es nicht annähernd so viele neue Arbeitsmöglichkeiten. Verelendung und Flüchtlingsströme sind die Folge. Wir stehen am Beginn einer neuen Völkerwanderung, wenn die Dynamik dieser Entwicklung nicht gebrochen werden kann.

Die industrielle Landwirtschaft zerstört die Böden und trägt mit ihrem enormen Energieverbrauch zum Treibhauseffekt bei. Nicht nur Boden, auch Wasser, Dünge- und Spritzmittel sind knappe Güter, und die Agrarindustrie verbraucht da ungleich mehr an Ressourcen, als sie selbst an Nahrungsenergie herstellt.

Den Landraub zu stoppen ist keine Utopie: Es ist die Politik, welche die entscheidenden Rahmenbedingungen schafft. Es sind Programme der EU, die zu Megaplantagen für die Agrosprit-Erzeugung und zur Zuckerproduktion führen und es sind Entwicklungshilfe-Gelder auch aus Österreich, mit denen Superreiche ihre Investitionen absichern.

Martin Häusling, deutscher Abgeordneter zum EU-Parlament und engagierter Biobauer, bringt es auf den Punkt. »Zunehmend

*Kleinbauern in Äthiopien: Kleinbauern produzieren zehnmal mehr Energie, als sie verbrauchen. Die Agrarindustrie dagegen verbraucht zehnmal mehr Energie, als sie herstellt.*

wird unsere Nahrungsmittelproduktion, aber auch die Futtermittelproduktion, ausgelagert in Länder außerhalb von Europa. Weil man da billiger produzieren kann – und weil, das muss man deutlich sagen, mit der Hilfe von korrupten Regimes Land Grabbing betrieben wird«, sagt der grüne Parlamentarier. »Das heißt: Konzerne eignen sich Land an, um für den europäischen Markt zu produzieren, sowohl im Nahrungsmittel- als auch im Treibstoffbereich. Das hat mittlerweile System und wir in Europa verhindern das nicht. Die Politik schaut in vielen Bereichen einfach zu, weil man sich nicht traut, da auch mal ernsthaft durchzugreifen. Wenn wir sagen würden, wir importieren solche Nahrungsmittel nicht mehr nach Europa, wenn wir wissen, da wurden Kleinbauern vertrieben, da gibt es massive Umweltzerstörung, dann könnten wir durchaus – und die Möglichkeiten haben wir – sagen, wir verbieten den Import in die Europäische Union und schon wäre das Geschäftsmodell futsch.«[11]

Aber während im EU-Parlament durchaus kritische Stimmen Gewicht bekommen, fährt vor allem die EU-Kommission einen

17

beinharten Kurs zur Unterstützung der Großagrarier, Chemiekonzerne und ihrer Geldgeber. Die Politik der USA folgt dem gleichen Muster. Die Folgen sind inzwischen dokumentiert. Der britische Autor Fred Pearce, Umweltberater des Wissenschaftsmagazins »New Scientist«, hat den Landraub mit seinem Buch »Land Grabbing« umfassend und detailreich beschrieben,[12] auch der deutsche Agrarwissenschaftler Wilfried Bommert hat dazu umfangreiche Dokumente zusammengetragen.[13]

Das vorliegende Buch will und kann keine umfassende Dokumentation des weltweiten Geschehens sein. Vielmehr haben wir für jeden uns wesentlich erscheinenden Teil der Strategie der Investoren typische Beispiele gesucht und beschrieben, um das Thema auch für Menschen erfahrbar zu machen, die keine Agrarspezialisten sind oder werden wollen. Wir haben recherchiert, wie sich gezielte Förderpolitik der Europäischen Union tatsächlich auswirkt. Das Programm »Everything but Arms« wurde von Agrarlobbys genutzt, um im großen Stil Zucker für Europa zu produzieren und zollfrei zu importieren. Zehntausende Kleinbauern wurden deshalb vertrieben. Die aberwitzigen Pläne, fossilen Treibstoff durch Sprit aus Pflanzen zu ersetzen, führen zu massivem Raub an Land und Ressourcen in Afrika, deren Implementierung dann auch noch mit Entwicklungshilfegeldern finanziert wird. Und der Hunger der Lebensmittelindustrie nach Palmöl führt zu Megaplantagen entlang des Äquators.

Die erste Welle des neuen Kolonialismus rollte schon ab den 1980er-Jahren über den brasilianischen Regenwald. Brandrodungen und Vertreibungen der Kleinbauern und indigenen Völker schufen Platz für riesige Anbauflächen, auf denen vor allem Soja angebaut wurde und wird. Die eiweißreichen Bohnen werden überwiegend nach Europa und China exportiert, um Schweine, Hühner und Rinder zur Schlachtreife wachsen zu lassen. Der Durst nach »Bio«sprit und immer mehr Tierfutter hat inzwischen große Teile Südamerikas und Mittelamerikas unter die Kontrolle der Agrarindustrie gebracht.

Nun bieten die Söhne der Großgrundbesitzer aus Brasilien ihr Know-how bei der Erschließung riesiger Flächen in Afrika an. Mit Satellitenbildern identifizieren sie Bodenbeschaffenheit, Bewässerungsmöglichkeiten und Klima und berechnen, wo sich der Landraub lohnt.

Unternehmer aus den Emiraten und Saudi-Arabien stecken ihre Öl-Milliarden in Landkäufe vor allem in Ostafrika, auch indische Konzerne und Unternehmen aus Malaysia und Thailand mischen in Afrika mit, wenn es um neue Plantagenflächen geht.

Wenn ich Bekannten erzählte, dass ich mich mit Landraub beschäftige, reagierten viele mit dem Hinweis, wie massiv China da involviert sei. China spielt beim Ankauf von Ländereien jedoch eine eher untergeordnete Rolle, urteilt auch Fred Pearce. »Erstaunlich ist«, schreibt er, »dass China die meisten seiner Nahrungsmittel nach wie vor selbst erzeugt. Genau genommen sogar in größerem Umfang als fast jedes andere Land.« Das Soja für die Fleischproduktion – Chinesen konsumieren bereits 30 Prozent der weltweiten Fleischproduktion – bezieht China überwiegend

*EU-Parlamentarier Martin Häusling: »Konzerne eignen sich mithilfe korrupter Regierungen Land an, um für den europäischen Markt zu produzieren. Das hat mittlerweile System und wir in Europa verhindern das nicht.«*

19

aus Argentinien und Brasilien. Teilweise, so Pearce, haben sogar Konzerne aus Neuseeland, Singapur und auch Goldman Sachs in riesige Anbauflächen in China investiert, um dort Geflügel zu produzieren.[14] Das bedeutet nicht, dass China sich in Afrika nobel zurückhielte – aber chinesische Unternehmen in Afrika dienen vor allem dazu, sich Rohstoffquellen wie den Zugang zu Erzen zu erschließen.

Anders die europäischen Konzerne und Banken: Mittlerweile sind europäische Investmentfonds und Banken im Weltmaßstab die eifrigsten Investoren. Die OECD hat erhoben, dass 44 Prozent aller Finanzmittel, die weltweit in Bodenwerte fließen, aus europäischen Geldhäusern stammen.[15]

Die Verschiebungen in den globalen ökonomischen Machtstrukturen werden offensichtlich, meinen die Experten der Heinrich-Böll-Stiftung: Während westliche Akteure weiterhin die Landkäufe dominieren, werden die BRIC-Staaten (Brasilien, Russland, Indien, China) und die Ölstaaten mit ihrer unsicheren Ernährungslage im Mittleren Osten nunmehr aktive Konkurrenten. Allmählich kristallisieren sich regionale Schwerpunkte heraus; China und Malaysia dominieren den Landerwerb in Asien, während Südafrika künftig in Afrika dominant zu werden scheint.[16]

# »Kaufen Sie Land, es wird keines mehr gemacht.« (Mark Twain)

Im großzügigen Foyer des Venues-St.-Paul's-Centers im Londoner Finanzdistrikt herrscht gedämpfte Business-Atmosphäre. Die haushohe Glasfront lädt aus dem Inneren zum Blick rundum auf weitere Glaspaläste der modernen Welt der Wettwirtschaft ein, die schon so viele Jahre die Weltwirtschaft dominiert. Die Herren der Security sind nobel gekleidet und bemühen sich um gelassene Haltung. Wir hätten den Lieferanteneingang nehmen sollen, wird uns abschätzig mitgeteilt, als wir das Kamera-Equipment reintragen. Wir stellen uns beim Veranstalter des Agriculture Investment Summit vor, besichtigen die Kongressräume und diskutieren die Kamerapositionen.

Dann haben wir Zeit für einen Kaffee, die Kongressteilnehmer werden erst in einer Stunde erwartet. Ich setze mich auf eins der wenigen gemütlicheren Sofas, lese meine Mails und beginne mich zu erinnern. Hier gleich nebenan hat 2008 der Boom auf Ackerland als Investment begonnen, als die wegen der massiven Einbrüche im bisherigen Wettgeschäft verzweifelten Spekulanten auf Agrarrohstoffe zu setzen begannen. Ich war damals mit Managern eines russischen Hedgefonds in der englischen Finanzmetropole, auch bei der Rohstoffbörse. Die ersten Anzeichen des Kollapses wurden von den Brokern registriert, die amerikanische Immobilienblase machte bereits vielen Sorge, aber die Investmentbank Lehman Brothers, deren Pleite den Startschuss gegeben hatte, war noch aktiv. Insgesamt wurde schon damals auf den Finanzmärkten mit etwa hundertmal mehr Geld spekuliert, als das Bruttoinlandsprodukt aller Industriestaaten gemeinsam ausmacht. Dass dieses Kartenhaus gefährdet war, wussten viele.

*Die Getreidebörse in Chicago: Die Spekulation treibt den Preis in die Höhe. Gekauft wird eine Option für ein bestimmtes Datum. Wenn dann der Preis höher ist, winken Gewinne. Und hier winken Rekordgewinne.*

Aber bei den Nahrungsrohstoffen gab es einen gegenläufigen Trend. »Da haben wir jetzt Weizen, der Aufwärtstrend setzt sich fort. Ein neues Hoch. Weizen steigt weiter und weiter, steigt, wir sehen jetzt gerade ein neues *all time high*, bei jedem, die Ägypter kaufen, die Chinesen kaufen, die kaufen wie verrückt alle Weizen. Für uns ist das gut, weil wir jetzt richtig positioniert sind«, erzählte mir ein Broker.[17]

Michael Zillner von der Wiener Merit Group hat mir damals die Mechanismen erklärt, wie solche Preisentwicklungen zustande kommen: »Die Händler oder die Verarbeiter brauchen jetzt wirklich den Weizen und haben zu wenig in Teilen Amerikas, und sie haben in China durch die Witterungsverhältnisse Probleme, die Logistik und den Transport zu organisieren. Deshalb kommt es da punktuell zu Engpässen. Das bedeutet, da wird wirklich physisch massiv gekauft.

Und die Hedgefonds oder eben spekulative Marktteilnehmer erkennen dann diesen Trend, versuchen diese Knappheit schon zu

22

antizipieren oder sagen, ja, das ist ein typisches Muster, das dafür spricht, dass hier noch für einige Tage oder Wochen eine Aufwärtsbewegung andauert, und gehen als zusätzliche Käufer in den Markt.«[18]

Beim Besuch an der Chicagoer Getreidebörse in der Woche darauf war aus der dort am »floor« üblichen Hektik geradezu eine Euphorie entstanden. Weizen war plötzlich viermal so viel wert als noch drei Jahre davor.

Derartig starke Preissteigerungen laden zur Spekulation ein. Und die Spekulation ist es dann, die den Preis noch weiter nach oben treibt. Gekauft wird oft eine Option für ein bestimmtes Datum. Wenn dann der Preis höher ist, winken Gewinne. Und hier winken Rekordgewinne.

Zuletzt hat dann auch die massive Produktion von Sprit aus Agrarprodukten, mit dem die europäischen Regierungen den Klimakollaps bremsen wollten, den Preis der Lebensmittel zusätzlich hinaufgetrieben.

Die Bewohner der ärmeren Länder trugen die Folgen, sie konnten sich die Grundnahrungsmittel nicht mehr leisten. Hunger und Fehlernährung sind damals wieder zum zentralen Thema geworden. Erstmals waren 2008 breite Bevölkerungsschichten einem Notfall ausgesetzt, der nicht durch Dürre, Krieg oder Naturkatastrophen ausgelöst wurde.

Das Jahr 2008 war dann folgerichtig die Geburtsstunde des modernen, auf spekulatives Kapital aufgebauten Agrobusiness, das nun bereits Flächen kontrolliert, die weit größer als Europa sind. Der Agricultural Investment Summit gibt hier nun jährlich Investmentmanagern, Bankern und Agrarunternehmen Orientierung.

Das Foyer hat sich inzwischen gefüllt. Allmählich ebbt der Sound des Intensiv-Smalltalks ab, weil sich die Menschen in die Vortragssäle begeben. Roberto Vitón, ein junger, smarter Südamerikaner, soll einen Überblick über den Markt geben. Weil fruchbarer Boden wegen Erosion und Verbauung durch den Menschen knapper wird und die Weltbevölkerung wächst, erklärt er, ist Investment in den Boden ein stabiles Geschäft. »Vor zehn Jahren gab es noch 30 Fonds, die auf Agroinvestment spezialisiert waren, heute sind es bereits 230 spezialisierte Fonds.« Die Renditeerwartungen seien zwar nicht mehr so hoch, aber mit zehn Prozent Gewinn pro Jahr könne der Anleger schon rechnen, meint Vitón.[19] Sein deutscher Kollege Christoph Walter ergänzt: »Wir haben in zahlreichen Regionen, vor allem in Afrika, noch große Reserven an ungenutztem Land, und die Preise für Land sind noch sehr niedrig.«

Pause. Bei Kaffee und Brötchen werden Trends verglichen und wohl die einen oder anderen Geldflüsse angekurbelt. Aber es gibt auch Informatives: Die eifrigsten Investoren kommen aus Europa, ist zu erfahren. Knapp die Hälfte aller Anlagen, die weltweit in Bodenwerte fließen, stammen aus europäischen Geldhäusern.[20] Die Deutsche Bank gehört zu den Großinvestoren, auch wenn sie sich inzwischen aus besonders problematischen Deals zurückgezogen hat, weil der Druck der Zivilgesellschaft gegen die Räubereien zu groß wurde.

Die Pause geht dem Ende zu. Beim Talk danach spricht ein Vertreter der Weltbank über die großen Chancen und Herausforderungen des Agrobusiness. Wie kaum eine andere staatliche Entwicklungsorganisation prägt die Weltbank das internationale Geschäft mit Agrarland. Das Institut und seine Tochtergesellschaften investieren in großem Maßstab in Landprojekte. Damit nehmen sie Einfluss auf die Agrarpolitik von armen Ländern. Wer sich den Regeln der Weltbank nicht unterwirft, erhält keine Kredite.

Die Weltbank finanziert Landkäufe in großem Stil – und es sind viele räuberische Deals darunter. Die Entwicklungsorganisation Oxfam registriert allein seit 2008 bei 21 von der Bank unterstützten Projekten massive Rechtsverletzungen.[21] Mehr als die Hälfte aller Geschäftsfälle hätten zu Landkonflikten geführt.

Eigentlich wollen die Weltbank und andere Geberinstitutionen – unter anderem auch die Vereinten Nationen – Gutes tun, indem sie die Investitionen im Land ankurbeln. Jahrzehntelang hat die gängige Entwicklungspolitik die Landwirtschaft vernachlässigt. Es fehlte an Forschung, Ausbildung und Investitionen in Maschinen, Saatgut und Infrastruktur. Die Folge: Gerade in den armen Ländern des Südens erwirtschaften die Bauern oft nur geringe Erträge.

Höhere Investitionen, so die Theorie, könnten dazu beitragen, die Lage der Menschen in den Entwicklungsländern zu verbessern. Aber die Investitionen in die Agrarindustrie bewirken meist das Gegenteil.

Auf der Rückreise ziehe ich ein kurzes Resümee über die Dimensionen des neuen Geschäftsfeldes der Finanzjongleure. Oxfam geht davon aus, dass von 2001 bis 2011 weltweit 227 Millionen Hektar Ackerland von ausländischen Großinvestoren gekauft oder gepachtet wurden, täglich würden Kleinbauern 7.000 Hektar – das entspricht 10.000 Fußballfeldern – an die Agrarindustrie verlieren.[22] Zum Vergleich: Ganz Europa verfügt über 170 Millionen Hektar Ackerland.

*Am Agricultural Investment Summit in London: Die eifrigsten Investoren kommen aus Europa, ist zu erfahren. Knapp die Hälfte aller Anlagen, die weltweit in Bodenwerte fließen, stammen aus europäischen Geldhäusern.*

Besonders viele Deals dokumentiert die unabhängige Initiative Land Matrix für Äthiopien, den Sudan, Mosambik, Tansania, Madagaskar, Sambia, die Demokratische Republik Kongo und Kambodscha. »Genau das sind Länder mit ernsten Hungerproblemen«, kommentiert Frank Braßel von Oxfam Deutschland die Ergebnisse der Erhebung.

Viele der Landübernahmen betreffen Flächen, auf denen bis dahin Nahrungsmittel für die örtliche Bevölkerung angebaut wurden. Die Behauptung, die Agrarinvestments dienten der Ernährungssicherheit in der jeweiligen Region, ist meist schlicht falsch. Die Erträge der Flächen, so die Oxfam-Studie, »werden nicht einmal zu einem Prozent auf den lokalen Märkten verkauft«. Überwiegend sind die Ernten für den Export bestimmt.

Auch nach den Recherchen von Land Matrix zielen Landübernahmen überwiegend auf Flächen, die bereits von Kleinbauern beackert werden. »Ihre traditionellen Rechte werden oftmals missachtet«, sagt Antti Seelaff, Berater für Bodenpolitik und Landmanagement bei der Deutschen Gesellschaft für Internationale Zusammenarbeit (GIZ). Als Landnutzer würden die lokalen Farmer in die Investitionsmodelle meist nicht eingebunden.

Und Leistungen der internationalen Investoren wie der Transfer von Know-how, die Schaffung von Jobs oder Infrastruktur würden in den Verträgen meist nicht festgeschrieben und seien damit auch nicht durchsetzbar. »Es ist kaum ein Projekt bekannt, bei dem Hoffnungen und Erwartungen der lokalen Bevölkerung erfüllt wurden«, sagt Seelaff.[23]

Zudem werde ein Großteil der Geschäfte in Ländern getätigt, die ohnehin bereits schwer von Hunger betroffen seien – und die den geringsten Schutz von Landrechten aufwiesen. Von den Erträgen dieser Flächen könne eine Milliarde Menschen leben, so Oxfam.[24]

Die Weltbank sei jetzt »in der einzigartigen Lage« zu verhindern, dass die illegale Landnahme einer der größten Skandale des 21. Jahrhunderts werde, erklärt Oxfam. Mit der Überprüfung ihrer Politik könne sie »ein Zeichen setzen« für alle Investoren und Regierungen.

Ein Zeichen könnten auch die Geldgeber setzen. Denn die Investitionen werden von europäischen Großbanken und den großen Pensionsfonds aus England und Skandinavien finanziert, auch die Entwicklungsbanken spielen mit im Konzert der Landräuber.

Auch wer für sein Erspartes eine gute Bleibe sucht, landet immer häufiger bei Fonds, die »alternatives Investment« für »nachhaltige Entwicklung« anbieten (etwa die Deutsche Bank) oder gar »Grünes Geld« mit bis zu neun Prozent Rendite. Es hängt hier von jedem Einzelnen ab, dafür zu sorgen, dass das Geld nicht in Wahrheit Raubzüge unterstützt und nur auf dem Papier »nachhaltig« ist. Seriöse Ökofonds werden von darauf spezialisierten Ratingagenturen wie der Münchner oekom research AG überprüft und zertifiziert. Die 17 Analysten von oekom prüfen rund 2.000 Unternehmen weltweit. Nur die Besten in jeder Branche kommen für die Gelder der Ethikfonds in Frage.

# Rumänien: Land fürs große Geld

Banat, Rumänien. Sechs Autostunden von Wien entfernt. Manche Orte haben hier noch deutsche Namen wie Liebling oder Gottlieb. Auf den typischen Häusern der Banater Schwaben, die noch immer das Bild vieler Dörfer prägen, stehen deutsche Namen groß auf den Giebeln.

Doch die Deutschen haben das Land verlassen. Überhaupt haben viele Menschen die Dörfer verlassen, vor allem die Jungen. Zurück bleiben die Alten und die Armen, die mit ihren Pferdekarren unterwegs sind. Außerdem sind viele Roma in die Dörfer gezogen.

Timişoara wird bald nach der Grenze sichtbar, eine inzwischen deutlich modernisierte Stadt, aber ich meine, die Spuren Nicolae Ceauşescus immer noch zu spüren und zu sehen. Die vielen ethnischen Ungarn hier im Banat nennen die Stadt Temesvár, die Deutschen Temeschwar oder Temeschburg. Ich kenne die Stadt seit Dezember 1989, als hier in der zweitgrößten Stadt Rumäniens die Revolte gegen das kommunistische Regime begann. Kurz vor Weihnachten hatte das Militär Schießbefehl und es lagen viele Tote auf den Straßen, zuletzt übernahmen 150.000 Aufständische die Stadt. Ich war damals Ressortleiter im Nachrichtenmagazin »profil«, und wir brachten Fotos von über die Straßen verstreuten Leichen. Ein Massaker mitten in Europa, insgesamt soll es an die tausend Tote gegeben haben. Bald gab es allerdings Berichte, dass zumindest ein Teil der Toten gar nicht erschossen, sondern aus der Pathologie gebracht worden war, um Medien und Bevölkerung gegen das Regime aufzubringen. Wir waren Teil einer Inszenierung des Geheimdienstes Securitate geworden, die den Diktator weghaben wollten, nicht aber die Diktatur. Mich hat das intensiv beschäftigt, weil ich der Wahrhaftigkeit der von mir verantworteten Berichterstattung sehr verbunden war – und bin.

Heute glauben die meisten Historiker, dass die Aufständischen von 1989 Unterstützung von hohen Militärs hatten. Teile der Securitate sollen die Demonstranten zu Krawallen angeheizt haben, aber wirklich geklärt wurde das nie. Die alten Eliten hatten sich rasch mit den neuen vermischt und alle Ermittlungen einstellen lassen.

Es ist auch diese Mischung der alten Eliten des feudalistischen Staatskommunismus mit den neuen Eliten des Geldes, die in den vergangenen 25 Jahren aus der Reprivatisierung der riesigen verstaatlichten Ländereien ein prächtiges Geschäft für die europäischen Agrarinvestoren gemacht hat.

Etwa 700.000 Hektar oder 8,5 Prozent der rumänischen landwirtschaftlichen Fläche befinden sich bereits in den Händen von transnationalen Unternehmen, so der rumänische Landwirtschaftsminister Valeriu Tabără Ende 2011. Österreichische Investoren kontrollieren immerhin sechs Prozent davon.[25]

*700.000 Hektar oder 8,5 Prozent der rumänischen landwirtschaftlichen Fläche befinden sich bereits in den Händen von transnationalen Unternehmen. Österreichische Investoren kontrollieren immerhin sechs Prozent davon.*

Derartig große Geldbewegungen haben hier in Timișoara eigene Strukturen entstehen lassen. Einige elegante Büros zeigen das. Es gibt hier Menschen, die Besitzern mittlerer Vermögen, sogenannten Family Offices, den Weg zu sinnvollen Anlagen weisen.

Peter Bayard, Chef der Helvetica Profarm, ist einer von ihnen. Er sitzt hinter einem großen, ovalen Besprechungstisch in seinem Büro in Timișoara. Eine Glastür führt auf den Balkon am Boulevard Take Ionescu. Der studierte Jurist ist 69, hat weißes Haar und könnte längst sein Pensionistendasein genießen – in seinem Haus in Lugano mit Blick auf den See. »Aber ich sehe es an meinen Freunden, sobald sie aufhören zu arbeiten, werden sie alt.«[26] Alt fühlt sich der Schweizer Unternehmensberater nicht. Er berät Menschen, die ihr Vermögen in Agrarland anlegen möchten, und ist bereit, uns die Vorzüge dieses Investments näherzubringen. »In Rumänien hat heute die Landwirtschaft das größte Potenzial. Bei mir rufen ständig Industrielle an, die ihr Geld sichern wollen.« Peter Bayard erklärt, wie schon der reine Landbesitz hier profitabel zu werden verspricht: »Wenn Sie hier eine Landwirtschaft kaufen wollen, sollten Sie mindestens 600 bis 1.000 Hektar haben, um sie rentabel bewirtschaften zu können. Die Preise liegen zwischen 2.300 und 3.500 Euro pro Hektar. Wenn Sie das Land dann verpachten, können Sie mit 120 Euro pro Hektar rechnen. Dann haben Sie nichts zu tun, erwirtschaften eine Rendite und profitieren von der Wertsteigerung.«[27]

Die Nachfrage nach solchen Investitionsmöglichkeiten sei sehr groß, meint Bayard: »Es gibt sehr viele Menschen, die Geld haben und es sicher anlegen wollen. Wenn Sie Land verpachten, erzielen Sie eine Rendite von bis zu fünf Prozent, hinzu kommt eine Wertsteigerung, die in den letzten Jahren acht Prozent pro Jahr betrug, Sie können also mit zehn bis zwölf Prozent Rendite pro Jahr rechnen.«

Peter Bayard nutzt seine exzellenten Kontakte zur politischen und wirtschaftlichen Elite Rumäniens. Der Sohn aus einem alten

Weinbauerngeschlecht im Wallis gehört zu den ersten Investoren im »neuen« Rumänien. Während andere Familienmitglieder den Weinbau fortsetzten, war er zunächst in der Uhren- und Schmuckindustrie tätig. In Rumänien hat er Mitte der 1990er-Jahre ein Werk für Infusionsflaschen und -geräte aufgebaut und Krankenhäuser beliefert. Fast alle Freunde hatten ihn davor gewarnt. Bayard aber war hartnäckig genug, sein Ziel zu erreichen. Da Infusionen damals in ganz Osteuropa Mangelware waren, florierte sein Geschäft. Vor einigen Jahren verkaufte er die Fabrik mit großem Gewinn an den internationalen Krankenhausausstatter B. Braun.

Das Agrobusiness hat ihn einfach mehr interessiert. Noch mehr sei zu erlösen, wenn man das Land selbst bewirtschaftet, erzählt er. Die Erträge für Weizen liegen hier bei vier bis sechs Tonnen pro Hektar. »Wenn Sie einen 1.000-Hektar-Betrieb führen wollen, brauchen Sie für Lager und Maschinenpark noch einmal 1,5 bis zwei Millionen Euro. Sie sehen hier überall neue Traktoren, denn durch die EU-Förderungen zur Modernisierung der Landwirtschaft wurden Neuanschaffungen mit fast hundert Prozent gefördert«, weist der erfahrene Berater darauf hin, dass die Politik der EU hier maßgeblichen Einfluss hat.

Einen guten Betriebsleiter zu finden sei freilich nicht leicht. »Ich sage meinen Investoren immer, wenn sie einen guten haben, sollen sie ihm zehn Hektar Land zum Bewirtschaften für sich selbst geben. Am besten ist es, wenn er Kühe hält. Wenn jemand Vieh hat, dann ist er immer vor Ort.«

# Die neuen Herren

Am nächsten Tag geht es von Timişoara Richtung Süden. Bald ist deutlich zu sehen, welche Spuren das moderne Agrobusiness hier hinterlassen hat. Riesige Flächen ohne jede Unterbrechung säumen die Straße, alle zehn, 15 Kilometer taucht eine moderne, gigantische Siloanlage auf, die Kathedralen der Agrarindustrie. Dann eine enorme Stallanlage von Smithfield. Ich habe nachgelesen: Der weltweit größte Schweineproduzent aus den USA züchtet derzeit in Rumänien mit 50.000 Sauen jährlich rund 850.000 Masttiere und verfügt auch über Riesenflächen zur Produktion des Futters.[28] Auch hier haben die Freunde der Großagrarier in der EU-Bürokratie geholfen: Der unabhängigen Datenbank zu EU-Agrarsubventionen zufolge sind seit 2006 etwa 16 Millionen Euro an das Unternehmen und dessen Tochterfirmen geflossen.[29]

20 Kilometer weiter wieder eine Agrarfabrik, das Städtchen ist nicht mehr weit. Wir halten. Ein schwarzer Audi A4 Kombi mit deutschem Kennzeichen kommt schnell angefahren. Ein junger Mann, Ende 30, groß, dunkle Haare, geschäftig, freundlich, steigt aus.

»Ich heiße Marcel Wiesehoff und komme aus Westfalen, aus dem Sauerland. Ich wollte schon immer Landwirtschaft betreiben, wie meine Großeltern, hatte aber in Deutschland nicht die Möglichkeit, mir etwas aufzubauen. Es war einfach kein Land verfügbar. Ich habe mich dann vor acht Jahren in Tschechien, Ungarn und Rumänien umgesehen und mich für Rumänien entschieden.«[30]

Das Geld für die Firma BanatFarming hat Marcel Wiesehoff 2006 von privaten Investoren und Verwandten bekommen. Er hat in Stuttgart Agrarwissenschaften studiert, über Pflanzenproduktion seine Doktorarbeit geschrieben und zunächst bei einem Landmaschinenhersteller gearbeitet. »Wir haben diesen Hof vor einem Jahr gebaut. In den acht Silos können wir 10.500 Tonnen Getreide lagern. Die Silos kommen aus Kanada und haben voll belüftete Böden, sodass wir das Getreide kühlen und trocknen können. Sie sind mit Temperatursensoren ausgestattet, die ihre Daten direkt an den Computer im Büro liefern.«

Die Mehrzweckhalle daneben hat 2.000 Quadratmeter, da könne er auch noch an die 5.000 Tonnen Getreide unterbringen.

»Heute bewirtschaften wir 3.500 Hektar an zwei Standorten. Der Hauptstandort liegt hier in Oravica/Oraviţa. Wir sind etwa 50 Kilometer von der Donau entfernt. Am zweiten Standort, Jamu Mare, haben wir noch einmal tausend Hektar.«

Marcel Wiesehoff fährt nach Oravica, wo er ein Bürohaus hat. An einem Straßenlokal steht auch hier ein Schild: »Wir kaufen Ackerland in Oravica, Racasdia und Gradinari.«

»Ich habe vier rumänische Mitarbeiter, die nur mit dem Landkauf beschäftigt sind. Das ist hier sehr aufwendig. Wir wollen auf 5.000 Hektar wachsen.« Dr. Wiesehoff zeigt eine große Karte an

*Agrobusiness der Superlative, alle zehn, 15 Kilometer taucht eine moderne gigantische Siloanlage auf, die Kathedralen der Agrarindustrie.*

der Wand. »Als ich vor acht Jahren hier begann, habe ich meine ersten Felder für 400 Euro pro Hektar gekauft, jetzt kosten sie 1.500 bis 2.000 Euro, bei großen, zusammenliegenden Flächen sogar das Doppelte.«

Marcel Wiesehoff führt uns ins Labor, in dem einige Analysegeräte stehen. »Hier können wir Getreide und Ölfrüchte auf sämtliche Qualitätsparameter prüfen, die für die Vermarktung relevant sind: Protein, Backfähigkeit, Gluten, Ölgehalt etc. So können wir den Mühlen oder Futtermittelmischwerken, an die wir unsere Produkte verkaufen, genaue Angaben machen. Einen großen Teil der Ernte verkaufe ich in Rumänien. Doch ich habe auch direkte Kontakte zu einigen Abnehmern in Deutschland. In der Nähe gibt es eine Verladestation, sie gehört Andreas Bardeau, einem Österreicher, dort verladen wir die Ware auf den Zug, der sie zum Kunden transportiert.«[31]

# Der Banat und der Herr Graf

Einer der größten Agrarinvestoren hier ist der Österreicher Andreas Bardeau.

Bardeau war erst zögerlich, einem Besuch zuzustimmen und beim Film mitzuwirken. Während sein Engagement in Rumänien vor einigen Jahren noch sehr positiv gesehen wurde, wird er in den letzten Jahren von NGOs immer öfter als »Landräuber« bezeichnet.[32] Nach einem ersten Treffen im Wiener Café Griensteidl 2013, einem Mittagessen im Glacis Beisl und einem gemeinsamen Besuch bei der rumänischen Botschafterin in Österreich, die uns die wichtige Rolle des Investors für die rumänische Wirtschaft erklärte, hat er schließlich seine Zustimmung gegeben.

Wir sind mit Georg Schweiger-Beck verabredet, dem deutschen Betriebsleiter Bardeaus. Der Herr Graf würde erst am nächsten Tag anreisen, erfahren wir. Schweiger-Beck avisiert uns ein Treffen nahe der Zentrale des ca. 20.000 Hektar umfassenden Bardeau-Imperiums in Berliste nahe der Grenze zu Serbien, rund hundert Kilometer südlich von Timișoara. Wir sollten im Gasthaus eines kleinen Ortes warten. Der kräftig gebaute Bayer lässt seinen Land Cruiser direkt vor dem Wirtshaus stehen und begrüßt uns offen und interessiert.

Nach dem Essen steige ich in sein Auto, die Kollegen des Filmteams folgen in unserem Kleinbus. Während wir an einer imposanten Agrarfabrik vorbeifahren, erzählt der ausgebildete Landwirtschaftsmeister, dass der Däne, dem sie gehört, 4.000 Hektar besitzt, und erzählt von korrupten Bürgermeistern, die mit dem Staatsland krumme Geschäfte getrieben hätten. Hier sei aber alles redlich gelaufen, betont er und biegt in einen Feldweg ein. Er bringt es auf dem schmalen, sandigen Weg auf ein furchterregendes Tempo und sagt, »300 Hektar Sonnenblumen rechts«, dann, »hier sind es hundert Hektar Weizen«. Ringsum riesige Flächen, in der Ferne eine Staubwolke. Die Mähdrescher. Nach einer kurzen Trockenperiode ist für die nächsten Tage wieder Regen angesagt, ungewöhnlich in diesem Sommer. Die Riesenfahrzeuge kommen gerade von der Mittagspause und biegen auf die bis an den Horizont reichenden Weizenfelder ein. Sie fahren in Formation und produzieren ein tiefes Brummen und riesige Staubwolken. In regelmäßigen Abständen kommen fast ebenso imposante Traktoren mit Anhängern, um die Körner zu übernehmen. Ich kenne solche Bilder bisher nur aus den USA. Wir drehen bis nach Sonnenuntergang, die Riesenbrummer setzen ihre Arbeit auch noch mit Scheinwerferbeleuchtung fort, navigiert wird mit GPS.

Am nächsten Tag wird der Chef erwartet. Graf Bardeau pendelt wöchentlich zwischen seinem steirischen Wohnsitz, der Burg Kornberg bei Feldbach, und dem rumänischen Banat hin und her. Der Honorarkonsul für Rumänien in der Steiermark stammt aus einer weitverzweigten Adelsfamilie.

In der Bardeau Holding Romania gruppieren sich 16 Unternehmen, die auf Ackerbau für Brotweizen und spezielle Sonnenblumen für die Kartoffelchipsherstellung, Milchviehhaltung, Weiderinderhaltung sowie Lagerhaltung der Ackerfrüchte spezialisiert sind.

Bardeau nimmt uns mit auf eine Rundfahrt durch sein Reich. Er will sich nicht in einen Topf mit Spekulanten werfen lassen, sondern sieht sich als sehr notwendigen landwirtschaftlichen Investor. Man habe in Rumänien 160 Jobs geschaffen und viel in die Ausbildung der Mitarbeiter investiert. Die drei Millionen Euro an EU-Subventionen im Jahr brauche es, um geringere Ernten und den höheren Aufwand in Rumänien abzufedern.

Der »Herr Graf«, wie er hier genannt wird, erzählt von seiner in verschiedenen Ländern Europas ansässigen Familie. Wie aus seinen Andeutungen hervorgeht, hat der spanische Zweig im Tourismus ein Vermögen gemacht. Dabei waren seine spanischen

*Agrarinvestor Andreas Bardeau: »Die Bürgermeister waren sehr interessiert, dass wir rund um Berliste Land kaufen, damit der Ort nicht total abstirbt und abwandert.«*

Verwandten offenbar klug genug, ihr Geld nicht in Immobilien zu stecken, bevor dort die Blase platzte, sondern haben in Agrarland investiert.

Wir sind auf der einzigen Anhöhe. Die Wachtürme im Westen zeigen, wie nahe Serbien ist. Bardeaus Mitarbeiter hat uns kurz zuvor bei den serbischen und rumänischen Grenzern angekündigt, damit es keine Schwierigkeiten gibt. Vor uns liegt eine weite Ebene, dahinter im Dunst von etwa 15, 20 Kilometern Entfernung eine Hügelkette. »Das sind unsere Felder, bis da hinten zu den Werschitzer Hügeln, und dort weiden unsere Kühe«, erzählt der Graf mit spürbarem Stolz.

»Von 1999 bis 2001 haben wir uns verschiedene Flächen angesehen. Für mich war eigentlich klar, wenn, dann nur der Banat, weil der Banat eigentlich das österreichische Gebiet schlechthin war. Prinz Eugen hat ihn 1718 von den Türken erobert und er ist dann von den Österreichern entwickelt worden. Seit Maria Theresia gibt es hier auch ein funktionierendes Grundbuch.«[33]

Seine Familie habe beschlossen, in Osteuropa im Agrarbereich zu investieren, erzählt er weiter. Der österreichische Zweig habe bis zum Ersten Weltkrieg große Ländereien besessen, diese dann aber verloren. »Ich habe es nicht so weit von Österreich, deshalb habe ich die Leitung übernommen.« Der Onkel besitze auch Landwirtschaften in Spanien und habe Know-how und Finanzen beigesteuert.

Er sei hier mit offenen Armen aufgenommen worden. »Die Bürgermeister waren sehr interessiert, dass wir rund um Berliste Land kaufen, damit der Ort nicht total abstirbt und abwandert«, erzählt er, und die 160 Arbeitsplätze seien fast die einzigen hier in der Gegend. Außerdem habe er nur weit entfernt von den Dörfern Land gekauft, damit den kleinen Bauern nahe ihren Höfen noch Boden bliebe. »Bis auf zwei Mitarbeiter von unseren 160 sind alle von hier aus der Region und von den Dörfern und das ist ganz wichtig, dass wir das soziale Gefüge hier nicht zerstören«, betont er, »wir sind ein Teil dieses Gefüges und haben uns dementsprechend einzufügen.«

Bardeau wirkt durchaus ehrlich. Als wir aber nachmittags durch kleine Dörfer in seinem Gebiet fahren und dort mit den Menschen sprechen, werden seine Angaben relativiert. Hier hat niemand Arbeit beim Agrarbetrieb, sagt eine Frau, die selbst die halbe Lebenszeit als 24-Stunden-Pflegerin in Österreich arbeitet. Die übrig gebliebenen Felder seien viel zu klein, um noch überlebensfähige Bauernhöfe zu erhalten.

Ein paar ältere Leute sitzen auf kleinen Bänken in der Nachmittagssonne. Alles hier verfällt. Gelegentlich fährt ein großer LKW in einer Staubwolke über die schlecht asphaltierte Dorfstraße – das Getreide ist immer noch auf dem Weg zu den Silos.

Nachmittags setzen wir die Dreharbeiten im Gut des Grafen fort. Ich frage ihn, wie er zur Kritik stehe, dass sein Vorgehen Landraub sei? »Landraub ist etwas, was man ohne rechtliche Legitimation macht. Die rechtliche Legitimation ist bei uns aber in Form eines Kaufvertrages gegeben, man hat es uns verkauft.

Die Grundstücke sind eingetragen im Grundbuch und es war auch der Wille da.« Er sei öfters sogar umarmt worden, erzählt der Graf, weil die Leute so dankbar gewesen seien, dass jemand etwas mit ihren kleinen Grundstücken unternimmt.

Die Berichte des FoodFirst Informations- und Aktions-Netzwerks (FIAN) zeugen dagegen von einem anderen Teil der Realität: 2012 etwa hatte die Bardeau Holding Romania über 500 Gerichtsfälle um Nutz- und Eigentumsrechte anhängig.[34] Laut Bardeau soll das vor allem wegen juridisch mangelhaft übertragenen Grundparzellen und der prekären Situation der Grundbücher der Fall sein.

Bardeau sieht sich als verantwortungsvollen Investor. Für FIAN sind es aber gerade Unternehmer wie die Bardeau Holding Romania, die allein aufgrund ihrer Größe Klein- und Mittelbetriebe aus dem Rennen drängen. Vielen Kleinbauern bleibe nur noch die Möglichkeit, den eigenen Boden an Großgrundbesitzer abzutreten und so der Entwicklung weiter Vorschub zu leisten.

# Die traurigen Kühe des Grafen

Kein Wunder, dass Andreas Bardeau uns lieber seine Mutterkühe auf der Weide gezeigt hätte, denn sein Stall in Berliste bietet trotz des Sommerwetters ein trauriges Bild. Die Betonställe aus der sozialistischen Ära wurden nur minimal den neuen Erfordernissen angepasst. Man hat den Eindruck, Hauptmaßnahme waren einige Eimer Farbe. Rund 450 Kühe stehen träge im Stall, er wird automatisch ausgemistet.

Füttern: Muffliges Silofutter wird mit Ladewagen durch die Reihen gefahren. Zweimal täglich wird gemolken. Die Mitarbeiter öffnen die Türen, die Kühe drängen von selbst über den von ihrem Kot glitschigen Betonboden zu den Melkständen.

*Milchproduktion bei Bardeau. Seit diesem Besuch trinke ich nur noch Milch, deren Produzentinnen garantiert mit Heu gefüttert wurden.*

Mehrere Dutzend Kühe werden gleichzeitig gemolken. Ein rascher, sehr mechanisch wirkender Ablauf. Euter putzen, Melkmaschine auf die Euter, weiter. Sobald die Sauger automatisch abfallen, weil keine Milch mehr kommt, Desinfizieren der Zitzen mit einem roten Mittel, weiter. Bauernhof-Romantik kommt hier nicht auf.

Seit diesem Besuch trinke ich nur noch Milch, deren Produzentinnen garantiert mit Heu gefüttert wurden.

# »Das ist das Ende
des rumänischen Dorfes.«

Ein weiterer Tag im Banat. Wir kommen nach Vărădia, etwa hundert Kilometer von Timişoara entfernt.

Daniel Dragoi, 39, sitzt auf seinem kleinen Mähdrescher und erntet Weizen. Im Vergleich zu den Megamaschinen bei Bardeau nimmt sich das Fahrzeug wie ein Kinderspielzeug aus. Strahlend blauer Himmel. Gelegentlich kommt sein Freund mit Traktor und Anhänger, um den Weizen aufzunehmen. Als das Feld abgeerntet ist, fährt er zurück nach Vărădia, sein Heimatdorf. Er parkt seinen Mähdrescher vor dem Haus.

Vărădia ist ein typisches Banater Dorf. Die Häuser bilden eine geschlossene Front zur Straße. Im Innenhof rankt sich der Wein an einer Laube empor. Daniels Frau Loredana, 37, hat Zwetschkenknödel gemacht. Daniel greift zu. Er hat braungebrannte Unterarme und Hunger. Die achtjährige Tochter Naomi schmiegt sich an ihren Vater. Der 13-jährige Danut-Razvran lädt sich den ganzen Teller voll Knödel. Während sein Vater erzählt, stopft er sich einen nach dem anderen in den Mund.

»In unserem Dorf leben fast nur noch die Alten. Früher lebten hier 2.000 Menschen, heute sind es nur noch 800. Davon gibt es nur noch vier Bauern. Ich und drei andere. Die Alten können ihr Land nicht mehr bewirtschaften. Ihnen fehlen die Maschinen. Wenn sie von den Ausländern Pacht bekommen oder ihr Land verkaufen können, tun sie das gleich.«

Daniel Dragoi erzählt weiter: »Die meisten Höfe hatten hier früher so an die 4.000 Quadratmeter, also etwa einen halben Hektar. Das reicht nur für die Selbstversorgung. Ich habe nach und nach Land hinzugekauft und habe jetzt 20 Hektar. Im Ver-

42

gleich zu den ausländischen Investoren ist das natürlich lächerlich. Die haben 5.000 Hektar, manche sogar noch viel mehr. Die Italiener in Dudeştii Vechi haben 12.000 Hektar, Graf Bardeau aus Österreich über 20.000. Dem gehört auch der ganze Wald hier. Ganze 130 Euro hat er damals pro Hektar Wald gezahlt!«

Dragoi zählt weiter auf, wer sich in der Gegend breitgemacht hat: In Voiteg haben Libanesen eine Farm. Kürzlich haben sie eine Siloanlage für 100.000 Tonnen Getreide gebaut. »Durch die Großinvestoren steigen die Preise für die Äcker«, sagt er, »deshalb kann ich kein Land mehr zukaufen.«

Aber er sieht auch sich und seine Kollegen in der Verantwortung. »Wir müssten uns zusammenschließen, um gemeinsam Maschinen zu kaufen.« Doch das geschieht nicht. »Jeder wurschtelt allein vor sich hin. Ich bin auch Imker. Ich habe 200 Bienenvölker. Damit verdiene ich mehr Geld als mit der Landwirtschaft. Im Gegensatz zu den Bauern haben wir Imker einen Verband gegründet, um unseren Honig gemeinsam zu vermarkten.«

*Dorf im Banat: Alles hier verfällt. Gelegentlich fährt ein großer LKW in einer Staubwolke über die schlecht asphaltierte Dorfstraße – das Getreide ist immer noch auf dem Weg zu den Silos.*

Seine Frau Loredana bringt Kaffee. Sie klingt resigniert: »Was mich sehr traurig macht, ist, dass unsere Traditionen aussterben. Zu Ostern etwa haben wir immer einen Brotring gebacken, durch den die kleinen Lämmer hindurchsprangen.«

»Wenn es nur noch die ausländischen Großbetriebe gibt«, ergänzt ihr Mann, »bedeutet das das Ende des rumänischen Dorfes.«

# »Wer sein Land verkauft, verkauft die Zukunft seiner Kinder.«

Sebastian Paul steht auf einer Wiese bei Sinteşti. Sein Bruder mäht gerade mit einem alten Traktor. Paul ist 33 und Nebenerwerbsbauer, sein Geld verdient er hauptsächlich als Händler für Soft- und Hardware von Computern. Wenn Sebastian Paul über den Landbesitz zu sprechen beginnt, wird der ruhige Mann laut, seine Hände beginnen heftig herumzuwandern: »Das Land hinter mir gehört fast ausschließlich Ausländern. Von Deva bis Timişoara sind es 160 Kilometer. Die Ausländer kaufen alles, was sie bekommen können.«[35] Im Bezirk Timişoara sind offiziell zwölf Prozent des Landes in ausländischer Hand – aber er ist sich sicher, dass bereits die Hälfte des Landes nicht mehr Rumänen gehört.

»Jeden Sommer fahren die Leute von hier busweise nach Deutschland und Österreich zum Spargelstechen oder zur Erdbeerernte. Manche fahren nach Spanien oder Italien. Dabei könnten wir hier auf unseren eigenen Feldern arbeiten. Aber ihnen fehlt das Geld, um Land zu kaufen«, erzählt der Nebenerwerbsbauer, während er im Auto auf der Hauptstraße nach Timişoara fährt und uns die Gegend zeigt. Tatsächlich stellen Rumänen auch in Österreich schon die größte Gruppe unter den Saisonarbeitern in der Landwirtschaft. »Schauen Sie sich das an«, Sebastian Paul zeigt nach rechts, wo offenbar Brachland ist. »Das Land, auf dem die Büsche wachsen, gehört Italienern: Büsche, Büsche, Büsche. Warum machen sie das? Ganz einfach. Ihnen gehört dort noch nicht das ganze Land. Wenn sie ihre Felder brachliegen lassen, entwertet das auch die Nachbargrundstücke. Irgendwann werden die Nachbarn dann weich und verkaufen.

45

Wenn sie alles zusammen haben, werden sie es mit großem Profit verkaufen.«

Seine Motivation für das Engagement gegen den Ausverkauf des Bodens erklärt er so: »Ich bin auf dem Land aufgewachsen. Mein Großvater hat im Krieg unser Land verteidigt. Als ich klein war, hat er mir immer erzählt, wie man für sein Land kämpfen muss. Heute findet hier ein anderer Krieg statt. Sie haben das Geld, wir haben das Land. Mit dem Land kann man so viel machen, aber wenn man es verkauft, verkauft man seine Zukunft, und man verkauft die Zukunft seiner Kinder.«

# »Sie haben das Geld, wir hatten das Land.«

Wie ist es möglich, dass in Rumänien, der einstigen Kornkammer Europas, ein derart schneller und radikaler Besitzwechsel an Grund und Boden stattfindet? Warum werden die Kleinbauern so rasch ausgebootet? Ramses Zwei, eine der Firmen, die Agrarinvestoren berät, bietet Antworten.[36]

Zum einen bietet Rumänien als Teil der EU größtmögliche rechtliche Sicherheit und ein hohes Entwicklungspotenzial. Die neun Millionen Hektar Ackerland in Rumänien zählen zusammen mit den Böden in Mecklenburg-Vorpommern und in der Ukraine zu den fruchtbarsten weltweit. Die Bodenpreise sind zwar stark gestiegen, im europäischen Vergleich allerdings immer noch konkurrenzlos billig.

Dazu kommen die Förderungen durch die EU-Agrarpolitik, die fast ausschließlich den Großagrariern zugutekommen, weil die Fläche als Maßstab für die Förderungen gilt. Die Agrarsubventionen in Rumänien betragen für 2014/15 durchschnittlich 173 Euro je Hektar, berichtet Ramses Zwei, dazu gibt es noch Zuschläge für Bioanbau oder Zucker. Darüber hinaus werden noch 30 bis 80 Prozent der Großinvestitionen wie die Anschaffung von Maschinen und Errichtung von Betrieben subventioniert.

»Wir haben ein Fördersystem in der europäischen Union, das nicht den Bauern fördert, sondern die Fläche. Das heißt, je mehr Hektar, umso mehr Geld«, analysiert Martin Häusling, Biobauer und EU-Abgeordneter der deutschen Grünen. »Und das führt zu der absurden Situation, gerade in Rumänien, dass kleine Bauern vielleicht mit ein paar hundert Euro Förderung aus den euro-

*Dreharbeiten in Rumänien: »Die Politik führt ganz gezielt dazu, dass Großstrukturen gefördert und kleine kaputtgemacht werden.«*

päischen Töpfen rechnen können, Großbauern mehrere Millionen bekommen. Das stellt natürlich die ganze Situation in diesen Ländern völlig auf den Kopf. Die Politik führt ganz gezielt dazu, dass Großstrukturen gefördert und kleine kaputtgemacht werden.«[37]

Derartig großzügige Angebote aus Steuergeld erklären die Motivation, und die Besonderheiten Rumäniens boten die Möglichkeit, die Böden in riesigem Ausmaß zu erwerben. Wie dies geschah, haben uns der Geschäftsführer einer großen Farm und Franz Demele vom Verein für Restitution und Menschenrechte in Rumänien erzählt.[38]

Ende der 1940er-Jahre hat das kommunistische Regime große Flächen in Rumänien enteignet und mit staatlichen Kooperativen Landwirtschaft betrieben. Rund zwei der zehn Millionen Hektar Ackerland wurden von Kolchosen bewirtschaftet, Kleinbauern durften nur eine Fläche von maximal zwei Hektar »privatwirtschaftlich« betreiben. Dennoch blieb der Anteil der bäuerlichen Landwirtschaft im Vergleich zu anderen kommunistischen Staaten hoch.[39]

48

Nach der Revolution und dem Ende des feudal-kommunistischen Regimes wurde beschlossen, die enteigneten Grundstücke den ursprünglichen Besitzern zurückzugeben. Anfangs allerdings nur dann, wenn die ursprünglichen Besitzer noch rumänische Staatsbürger waren, und nur bis zu einer Größe von maximal zehn Hektar pro Fall.

Gerade im Banat und in Siebenbürgen waren viele Bürger mit deutsch-kulturellem Hintergrund ausgewandert und hatten auch die Staatsbürgerschaft zurückgelassen, und es gab auch viele größere Betriebe, von denen jetzt nur ein Teil zurückgegeben wurde.

Daher gab es nun riesige Flächen, die im Moment eigentlich niemandem gehörten. Es begann die große Zeit der Bürgermeister, denn über ihre Büros wurde die Restitution abgewickelt. Sie verpachteten die Flächen zunächst meist an Großinvestoren und bemühten sich dann, mit angeheuerten Mitarbeitern – den wenigen ehemaligen Eigentümern, die sich doch meldeten – das Land um wenig Geld abzulösen. Da die meist älteren Dorfbewohner das Land nicht oder kaum noch bewirtschafteten oder kein Geld zur Anschaffung der erforderlichen Maschinen hatten, gingen viele auf die Angebote ein und verkauften ihr Land. Dass die Preise in der Folgezeit drastisch stiegen, vor allem in Hinblick auf den EU-Beitritt, merkten die ehemaligen Eigentümer erst, als sie kein Land mehr besaßen.

Im nächsten Schritt wurden die Flächen an die neuen Landherren verkauft. Zahlreiche Prunkvillen in vielen Orten zeugen von den persönlichen Früchten aus diesen Geschäften, die erst 2001 mit weiteren Restitutionsgesetzen ein wenig reguliert wurden. 2005 wurde schließlich auch den Erben der ehemaligen Eigentümer im Ausland die Möglichkeit gegeben, die Rückerstattung landwirtschaftlicher Flächen zu beantragen. Allerdings nur jenen, die das rasch genug erfuhren – Ende der Antragsfrist war der 30. November 2005. Und Anspruch auf die ursprünglich enteigneten Flächen hatte man nur, wenn sie noch nicht vergeben waren.[40]

Wer da dennoch auftauchte und auf sein Recht beharrte, bekam in der Regel ein anderes Grundstück angeboten – und fand sich damit ab, weil die neuen Großgrundbesitzer das Land ohnehin schon beackerten.

Offiziell durfte Land zwar bis 2014 nicht an Ausländer verkauft werden, aber Ausländer konnten für 150 Euro eine Firma gründen. Diese rumänische Firma kann dann kaufen, was sie will. Die EU hat inzwischen dafür gesorgt, dass diese Beschränkung auch offiziell aufgehoben wurde.

Manche allzu willkürlichen Varianten dieses Spiels mit zusätzlich geschaffenen zweiten Grundbüchern haben einzelne Bürgermeister hinter Gitter und einige Investoren wieder um ihre Ackerböden gebracht.

Aber die rund fünf Millionen Kleinbauern Rumäniens hatten nie eine wirkliche Chance, durch die Restitution zu etwas mehr Boden zu kommen. Und die neuen Herren der Böden können meist formal zu Recht behaupten, es sei alles nach dem Gesetz abgelaufen.

Ähnlich sind die Restituierungen in Bulgarien und in der Ukraine verlaufen, wo die zehn größten Agrarholdings allein etwa 2,8 Millionen Hektar bewirtschaften.

# Der letzte Bauer

Selbst wenn die Investitionen der Agrarindustriellen völlig legal sind: Die enormen strukturellen Auswirkungen allein sollten nachdenklich machen. Denn auf einer Fläche wie der von Bardeaus Imperium könnten 500 bis 1.000 Bauernfamilien ganz passabel leben und ihre Produkte würden gesünder und weniger belastet sein.

Doch genau diese Bauern sind durch den Siegeszug der Großinvestoren zum Untergang verurteilt.

Sechs Uhr morgens in Lugoj, einer Stadt in Rumänien, 60 Kilometer östlich von Timişoara. Nachbarn kommen durch das Eisentor der Strada Bega Nr. 15 in den kleinen Hof von Ileana und Valentin Kovacs. Im Hof ein kleiner Kiosk. Über die Theke verkaufen sie frische Rohmilch, Joghurt, Butter und selbstgemachten Käse. Die Milch wird in Plastik-Mineralwasserflaschen verkauft. Ileana spült eifrig, es sieht alles sehr sauber aus. Für jeden Kunden hat sie ein paar Worte. Einige haben es eilig und wechseln nur einen kurzen Gruß, andere bleiben für einen kleinen Plausch. Zwischen fünf und neun Uhr morgens kann man bei Ileana Milch kaufen, dann schwingt sie sich auf ihr Fahrrad und liefert die Milch an weitere Kunden aus. Mit ihren 30 Kühen erzeugen die Kovacs mehrere hundert Liter Milch pro Tag und versorgen knapp 600 Kunden.

Valentin ist schon seit drei Uhr morgens auf den Beinen. Vom Wohnhaus in Lugoj fährt er zehn Kilometer nach Petroasa Mare, wo sein Hof liegt. Er hat dort einen Hirten und Melker angestellt. Jeden Morgen melkt er mit ihm die 30 Milchkühe, versorgt seine zehn Stück Jungvieh und bringt die Milch in die Stadt. An einige Großkunden wie Kindergarten und Altersheime liefert er direkt mit dem Auto.

Nachdem die Milch des Tages verkauft ist, will uns Valentin Kovacs seinen Mais zeigen. Er hat die alte Maissorte von lokalen Bauern erworben und baut sie selbst seit einigen Jahren an. Im Gegensatz zu den meisten Bauern in Europa kann er sein eigenes Saatgut gewinnen, da er keinen Hybridmais verwendet. Er würde gerne vor laufender Kamera ein Experiment machen: »Wenn wir Hybridmais von vier weltbekannten Firmen gemeinsam mit meinem Mais den Hühnern vorwerfen, werden Sie merken, dass sie zuerst meinen Mais herauspicken, weil er besser schmeckt! Er schmeckt den Tieren besser und er hat auch eine andere Farbe. Er hat jenes schöne Gelb, das wir uns für Polentamehl wünschen. Wir essen viel Polenta. Dieser Mais ist den konventionellen Sorten einfach überlegen!«[41]

Stundenlang kann Valentin von den Vorzügen seines Maises schwärmen. Wie widerstandsfähig er sei, dass er in trockenen ebenso wie in feuchten Jahren gut gedeihe, dass er ihn sehr dicht

*Bauer Valentin Kovacs:* »*Wenn die EU in den kommenden Jahren keine wirksamen Programme für das Überleben der kleinen, traditionellen Bauernhöfe entwickelt, werden diese verschwinden.*«

(85.000 Pflanzen pro Hektar) und auch in Monokultur pflanzen kann usw. Aber wie ist es mit dem Ertrag? Sind da die kommerziellen Hybridsorten nicht haushoch überlegen? Rein mengenmäßig betrachtet sei das richtig, gesteht Valentin zu. Während er mit konventionellem Mais mit rund zwölf Tonnen rechnen könnte, erntet er acht bis zehn Tonnen. Doch finanziell sei sein Mais viel profitabler: Er muss kein Saatgut kaufen; während das konventionelle Saatgut für einen Hektar 700 Lei kostet, kommt ihn das eigene Saatgut nur auf 25 Lei pro Hektar. Er spart sich noch weitere Kosten: »Bei den Hybridsorten braucht man viel Chemiedünger, während bei den traditionellen Maissorten natürlicher Dünger wie Stallmist ausreicht.«

Valentin fährt an einem leuchtend gelben Sonnenblumenfeld vorbei. Aus den Früchten lässt er Öl pressen. Alles, was über den Eigenbedarf hinausgeht, verkauft er. Und dann zeigt er noch stolz seine Futterwiese. Seit Jahren experimentiert er mit Mischungen von verschiedenen Futterpflanzen, wie verschiedenen Kleesorten, Luzernen, deutschem Weidelgras etc. »Ich verwende diese Mischung sowohl für die Stiere als auch für die Milchkühe. Bei der ersten Mahd habe ich 80 Tonnen Grünmasse pro Hektar erhalten, jetzt, bei der zweiten Mahd, ungefähr 35 Tonnen. Im gesamten Jahr werde ich ungefähr 120 Tonnen erhalten. Es ist eine profitable Kultur. Sie wird einmal in sechs Jahren gesät. Ich weise auch hier darauf hin, dass keine Chemikalien benutzt wurden, nur natürliches Düngemittel.«

Valentin Kovacs ist kein zertifizierter Biobauer. Er verwendet gelegentlich auch Kunstdünger, aber im Wesentlichen strebt er an, dass er mit den eigenen Ressourcen wirtschaftet. Soweit möglich, repariert er seine Landmaschinen selbst und erzeugt auch sein Futter auf den eigenen Feldern. Nie käme es ihm in den Sinn, Futtermittel-Soja aus Lateinamerika zu kaufen. Was er schätzt, ist die Direktvermarktung und die lebendige Beziehung zu seinen Kunden. Einige holen die Milch gleich am Hof, andere in der Stadt. Auch das Fleisch verkauft er direkt.

Auf den ersten Blick ist sein Leben in Ordnung. Die Kühe mit ihren schönen Hörnern sehen prächtig aus, die 50 Schweine sind gut genährt, die Hühner picken eifrig herum und seine Kunden sind zufrieden.

Mit seinen 27 Hektar kommt er finanziell ganz gut zurecht. Da sein Sohn Daniel, der Landwirtschaft studiert, nach Studienabschluss gerne mit einsteigen würde und seine eigene Familie ernähren will, möchte Valentin Kovacs expandieren.

Aber er kommt an kein Land.

Valentins Geschäftsmodell ist bedroht. Sein Feind heißt EU. Obwohl er sich vom EU-Beitritt seines Landes 2005 sehr viel versprochen hat, merkt er nun, dass ihn die gemeinsame Agrarpolitik bedroht.

Viele rumänische Bauern hören auf. Die meisten haben nach dem Ende des Sozialismus keine Flächen restituiert bekommen und besitzen nach wie vor nur die zwei Hektar, die sie auch damals bewirtschaften durften. Das reicht für nicht viel mehr als für Gemüse und Obst für den Eigenbedarf. Nun könnte man denken, für Valentin Kovacs, der in seinem Dorf der letzte Vollerwerbsbauer ist, müsste es leicht sein, Flächen zu kaufen, wenn viele Bauern aufhören. Aber die Konkurrenz ist groß. Ausländische Investoren haben das fruchtbare rumänische Ackerland entdeckt. Dänen, Italiener, Holländer, Libanesen, Deutsche und Österreicher.

Der dänische Landwirtschaftskonzern Ingleby hat in der Gegend, gleich neben Valentins westlichstem Acker, viel Land erworben, insgesamt 12.000 Hektar. Auf der Homepage des Unternehmens werden die fruchtbaren Böden und das günstige Klima Rumäniens gelobt. Weiter heißt es: »Wir haben Bäume gepflanzt und mehr als 20 Seen angelegt, um wilde Tiere anzuziehen. Wir sehen oft große Rehherden, Wildschweine und Wölfe in der Gegend.«

Davon haben wir hier freilich nichts gesehen.

Dafür haben wir eine traurige Mitteilung bekommen. Valentin Kovacs hat seinem Leben selbst ein Ende gesetzt.

»Die großen Investoren setzen uns unter Druck«, hat er uns noch gesagt. »Wenn die EU in den kommenden Jahren keine wirksamen Programme für das Überleben der kleinen, traditionellen Bauernhöfe entwickelt, werden diese verschwinden.«

# Äthiopien: Das Land der Ärmsten

Im Flugzeug nach Äthiopien. Ich blättere im Wirtschaftsmagazin »brand eins«. »Afrikas Tag ist gekommen«, schwärmt die Investmentgruppe Renaissance Capital in ihrer 2012 erschienenen Studie »The Fastest Billion« und prophezeit: »Der Kontinent wird in den nächsten 30 Jahren der spannendste und lukrativste Ort der Erde sein.«[42] In Afrika ist eine Mittelschicht von einigen hundert Millionen im Entstehen, und es gibt noch für industrielle Agrarnutzung erschließbares Land wie nirgendwo sonst auf der Welt, analysieren die Journalisten des Magazins.

Ich erinnere mich an die Aussagen des Investmentberaters Christoph Walter beim Londoner Meeting für Agrarinvestoren: »Afrika hat riesiges Potenzial, verbunden mit ungenutzten Landreserven. Für Investoren und Agrarunternehmer ist Afrika der Ort, wo die Chancen liegen.«[43]

Äthiopien ist schnell gewachsen. Gut 95 Millionen Einwohner hat das Land und ist damit nach Bevölkerung das zweitgrößte Afrikas nach Nigeria. Und glaubt man den Daten der Weltbank, dann betrug auch das Wirtschaftswachstum in den vergangenen zehn Jahren jedes Jahr durchschnittlich stattliche elf Prozent.[44] Addis Abeba sieht schon aus der Luft wie eine große chaotische Baustelle aus, und auf der Fahrt zum Informationsministerium verstärkt sich der Eindruck: Es gibt mehr Betongerippe von Hochhäusern, die von beängstigend schiefen Holzgerüsten umgeben sind, als fertige Gebäude. Die »Neue Blume«, wie die Hauptstadt Äthiopiens in der Landessprache Amharisch heißt, wuchert. In der Fünf-Millionen-Metropole gibt es kein Stadtviertel, in dem nicht Baukräne in die Höhe ragen, dazwischen karge Häuser und Hütten mit Blechdächern, der Kontrast zwischen Slum und

Boomtown, zwischen Hunger und Café Latte mit italienischen Sweeties in modernen Kaffeehäusern à la Starbucks ist überall zu spüren.

Nach knapp einer Stunde haben wir die offiziellen Papiere, die uns allerdings nur an exakt beschriebenen Orten die Verwendung der Kamera gestatten. Daran sollten wir uns unbedingt halten, sagt unser Producer aus der äthiopischen Hauptstadt, sonst gäbe es Schwierigkeiten. Auch 23 Jahre nach dem Fall des kommunistischen Mengistu-Regimes ist das Land von Demokratie weit entfernt, die Revolutionäre Demokratische Front der Äthiopischen Völker regiert seit 1991 mit harter Hand und bekommt bei den angeblich freien Wahlen an die 99 Prozent der Stimmen, die staatliche Bürokratie ist beachtlich und die Menschen werden spürbar vorsichtig, wenn man sie nach heiklen politischen Themen wie Landraub fragt. Menschenrechtsorganisationen berichten regelmäßig von Verfolgung oppositioneller Politiker mit Folter und Hinrichtungen. Die Regierung verfolgt

*Dreharbeiten in Addis Abeba: Der Kontrast zwischen Slum und Boomtown, zwischen Hunger und Café Latte mit italienischen Sweeties in modernen Kaffeehäusern à la Starbucks ist überall zu spüren.*

eine Art Staatskapitalismus, in ausgewählten Gebieten werden ausländische Investoren mit großzügigen Geschenken angelockt. Wir fahren weiter zum Landwirtschaftsministerium. Nach einigen Staubstraßen wieder Asphalt. Ein kleiner Betonkomplex mit einer Wache, enge Türen, schmale Treppenhäuser. Die Abteilung für Landverteilung des Agrarministeriums verrät nicht, dass hier zahlungskräftige Investoren ein und aus gehen, das Direktionszimmer mit Ledergarnitur und Vier-Meter-Schreibtisch schon eher. »Wenn Sie in Baumwolle oder Zucker investieren wollen, wird der Preis für das Land für Sie kein großes Thema sein und wir bieten Ihnen auch sieben Jahre Befreiung von allen Steuern«, sagt Bezualem Bekele Mogessie, Direktor des Land Administration Directorate, bei unserem Besuch.[45] Nach der Pleite des indischen Großinvestors Ramakrishna Karuturi, dem sein Ministerium 2010 100.000 Hektar langfristig verpachtete, seien seine Beamten nun vorsichtiger und fragen nach Referenzen, erzählt der staatliche Investmentberater.

Zunächst baute Ramakrishna Karuturi Rosenfarmen in Kenia auf, ab dem Jahr 2000 auch in Äthiopien. Auf 500 Hektar hatte er dort Gewächshäuser in der Nähe von Addis Abeba. Die äthiopische Regierung buhlte auch damals schon um Investoren. Land war leicht zu bekommen und die staatliche Ethiopian Airlines versprach günstige Frachttarife. Zeitweise stammte jede zehnte Rose, die in europäischen Supermärkten verkauft wurde, von einer Karuturi-Farm. Nach eigenen Angaben produzierte Karaturi damals pro Jahr 550 Millionen Rosen und war damit der größte Rosenproduzent der Welt. Karuturi Global Ltd. war an der Börse in Bombay gelistet. Die Marktkapitalisierung betrug 2010 rund eine Milliarde Dollar. Zeitweise zählte auch die Deutsche Bank zu den Aktionären. Aber Ramakrishna Karuturi genügte es nicht, Rosenkönig zu sein, er wollte Agrarkaiser werden. Christian Brüser hat mir von seinen Besuchen bei ihm erzählt und seinen Visionen, eine Art Bill Gates des Agrarbusiness werden zu wollen, mit riesigen Farmen rund um den Globus. Doch schon der Versuch, die 100.000 Hektar in Äthiopien zu bewirtschaften, brachte das Ende. Statt Ölpalmen, Mais oder Zuckerrohr wuchsen nur die Kosten und der Aktienkurs versank ebenso im Sumpf wie seine Maisfelder. Lag der Kurs 2010 bei 38,15 Rupien, sank er Anfang 2012 auf fünf Rupien, heute dümpelt er bei 1,30 Rupien herum.[46] Schließlich mussten auch die Firmen seines Blumenimperiums Insolvenz anmelden.

»Wir bemühen uns um ausländische Investoren, denn sie erwirtschaften Devisen für unser Land. Sie bringen Technologie und Know-how«, setzt Direktor Bekele Mogessie seine Werbeansprache fort. Wir haben ihm erklärt, dass wir einen Film über die Chancen moderner Agrarinvestments drehen, was ja gewissermaßen auch stimmt. Es gäbe genug freies Land etwa in Gambela, erklärt er: »Wenn Sie Zucker anbauen, bekommen Sie dort einen Hektar um eine Pacht von sechs Dollar pro Jahr und dazu sieben Jahre Steuerbefreiung. Bekommen Sie irgendwo anders so billig Land?«

Ob das Land völlig leer sei? »Es ist leer! Darum suchen wir ja ausländische Investoren dafür. Wenn jemand Anspruch darauf hätte, wäre es illegal, dass wir das Land vergeben. Wir vergeben nur Land, das leer ist, wo keine lokalen Bauern leben, das nicht geschützt ist und wo es keinen Wald gibt, sodass es direkt an die Investoren übergeben werden kann.«

Dass in Gambela, einer Region nahe der Grenze zum Sudan, die dort lebenden Halbnomaden aus der Volksgruppe der Anuak schon für Karuturis Megaprojekte mit Zwang umgesiedelt wurden, erzählt der Direktor nicht. Das Umsiedlungsprogramm der Regierung wurde offiziell damit begründet, dass für die Bewohner von Gambela bessere staatliche Dienstleistungen wie Schulen oder Krankenstationen bereitgestellt werden können, wenn die Bewohner in größeren Dörfern zusammenleben. Doch die Infrastruktur wurde nicht errichtet. Zum Teil wurden für diese Aktionen Gelder der Weltbank verwendet, wie nun auch ein interner Prüfbericht der Weltbank gezeigt hat. Im Jänner 2015 gelangte der Bericht unabsichtlich an die Öffentlichkeit. Er spricht von einem »operational link« zwischen dem Weltbank-Programm und den Umsiedlungen und kommt zu dem Ergebnis, dass die Weltbank ihre eigenen Richtlinien, die den Schutz indigener Bevölkerung vorsehen, verletzt hat.[47] Ein internes Kontrollgremium der Bank schreibt der Projektleitung Mitverantwortung für die Umsiedlung Zehntausender Angehöriger der Anuak-Volksgruppe zu.[48]

Der Deal wäre einfach, versichert der Direktor, und die Löhne wären garantiert auch noch in zehn Jahren die niedrigsten der Welt. Der Staat besitzt alles Land, und er verpachtet es langfristig. Nach der Verfassung gehört das Land tatsächlich »dem Staat und der Bevölkerung von Äthiopien«. Privates Landeigentum ist nicht erlaubt. 1991, nach dem Fall des kommunistischen Regimes, das alle Landbesitzer enteignet hatte, verankerte die neue Regierung in der Verfassung, dass Bauern und Hirten ihr angestammtes Gebiet kostenlos und ohne zeitliche Beschränkung nutzen dürfen. Zu »öffentlichen Zwecken« können solche Gebiete allerdings geräumt werden – gegen eine Entschädigung. Doch erst 65 Prozent der Bauern haben in den vergangenen Jahren auch tatsächlich Landrechte erhalten, die vier Millionen Hirten Äthiopiens wurden bei der Vergabe erst gar nicht berücksichtigt. Anders als Investoren dürfen die Bauern ihren Boden nicht beleihen und nur unter Auflagen weiterverpachten. Wer fortzieht, verliert seine Rechte.

Derzeit hält Bezualem Bekele Mogessies Department im Landwirtschaftsministerium 3,6 Millionen Hektar – eine Fläche von der Größe Belgiens – zur Verpachtung an ausländische Firmen bereit. Diese müssten allerdings nachweisen, schließt der Beamte, dass sie tatsächlich in der Lage sind, großflächig Landwirtschaft zu betreiben. Er verabschiedet sich mit den Worten: »Äthiopien ist der beste Platz zum Investieren!«

Auf der Rückfahrt durch das chaotisch wachsende Addis Abeba diskutieren wir über das Gehörte: Die großen Agrardeals finden in den Ländern statt, in denen die Bauern nur ein wider-

*Dorf in Äthiopien: Die Regierung verspricht den Investoren, dass die Löhne auch noch in zehn Jahren die niedrigsten der Welt sein werden.*

rufbares Recht haben, das Land zu nutzen. Im ehemals kommunistisch regierten Äthiopien ist das der Fall. Und die Verpachtung an die Investoren wird stets mit der Notwendigkeit der Modernisierung und besseren Versorgung gerechtfertigt. Derlei Argumente kommentiert der bekannte Globalisierungskritiker Jean Ziegler allerdings so: »Vergangenes Jahr sind in Schwarzafrika 41 Millionen Hektar Ackerland von Konzernen mit Unterstützung der Weltbank aufgekauft worden. Wenn dort sozial verantwortlich investiert werden würde, wäre das ja nicht schlimm. Tatsächlich werden die Bauern aber vertrieben und es werden Blumen und Lebensmittel angepflanzt, die dann nach Europa und in andere Regionen mit hoher Kaufkraft exportiert werden. Das ist reinster Landraub.«[49]

# Blüten der Entwicklungspolitik

Auf der Fahrt nach Süden sehen wir Zeugnisse dieser Agrarpolitik. Und die Armut. Im Gegensatz zu anderen afrikanischen Staaten gibt es kaum Mopeds und Motorräder und nur wenige Autos auf den Straßen, dafür mit jedem Kilometer Entfernung von der Hauptstadt mehr Eselkarren. Ich weiß: Das Land wurde bis vor der Jahrtausendwende in einen verheerenden Grenzkrieg mit dem Bruderstaat Eritrea verwickelt. Aus dem Krieg ging Äthiopien zwar als Sieger, jedoch mit einem durchschnittlichen Pro-Kopf-Einkommen von 125 Dollar im Jahr auch als eines der ärmsten Länder der Welt hervor.

Aber auch das neue Äthiopien macht sich bald bemerkbar. Gewächshäuser mit beachtlich hohen Kunststoffdächern reihen

*Landschaft im Süden Äthiopiens: Schwer vorstellbar, dass hier regelmäßig Millionen an Hunger und Unterernährung leiden.*

sich am Straßenrand auf, das größte ist wohl an die 1.000 mal 1.000 Meter groß. Drinnen wachsen Blumen für Europa. Die Menschen, die hier arbeiten, erzählt unser Begleiter, verdienen rund 40 Euro im Monat.

Die günstigen Pachtraten, Steuererleichterungen, kostenloses Wasser aus öffentlichen Gewässern und die extrem niedrigen Löhne schaffen für die Investoren attraktive Voraussetzungen. Niedriglöhne und schlechte Arbeitsbedingungen werden aufrechterhalten: »Menschenrechtsorganisationen werden in ihrer Arbeit stark eingeschränkt, Kleinbauern werden mit Unterstützung der Regierung vertrieben, und Personen, die über die Missstände informiert haben, mussten Äthiopien verlassen«, berichtet Menschenrechtsexpertin Gertrud Falk von FIAN Deutschland.[50]

Wir fahren durch fruchtbares Land. Baumsavannen mit beachtlichen Mengen an Vieh und Mais, Weizen, Gerste und der einheimischen Zwerghirse Teff über die Hügel verteilt, in den Senken prächtig grüne Flächen. In den Gärten reifen Mangos, Avocados, Papayas und Bananen, wachsen Kohl und Tomaten. Schwer vorstellbar, dass hier regelmäßig Millionen an Hunger und Unterernährung leiden.

Wir machen Mittagspause in einer prächtigen Lodge am Ziway-See. Der Parkplatz ist voll mit weißen Geländewagen diverser Hilfsorganisationen. Im prächtigen Grün am Swimmingpool und im Restaurant herrscht entspannte Atmosphäre. Hunger und Armut werden in Äthiopien seit Jahrzehnten von zahlreichen Hilfsorganisationen mit mehr Mitteln als in jedem anderen Land der Welt bekämpft – und sind dennoch geblieben. Die Hungerhilfe ist der zweitgrößte Wirtschaftszweig des Landes. Sie wächst schneller als die Landwirtschaft. Sie ist mit schuld daran, dass die Äthiopier immer ärmer werden, haben mir Entwicklungshelfer erzählt, die hier wichtige Jahre ihres Lebens verbracht haben. Denn statt die Kleinbauern, die meist nur einen Hektar Land bewirtschaften, mit angepasstem Know-how zur nachhaltigen Verbesserung ihrer Erträge zu versorgen, zerstören die Hilfslieferun-

gen die wirtschaftliche Basis: Die Bauern im äthiopischen Hochland etwa mussten 50 Dollar aufwenden, um eine Tonne Getreide
zu produzieren. Auf dem Markt erzielten sie aber nur knapp 25
Dollar, weil die kostenlosen Importe die Preise kaputtmachten.[51]

Können die mit Sonderkonditionen angelockten Investoren
da andere, positivere Akzente setzen?

# Gemüse für die Reichen

Awassa am gleichnamigen See. Ein ärmliches Städtchen mit gut bewachten Lodges, die vom afrikanischen Mittelstand offenbar als Basis für diverse Safaris genutzt werden.

Wir machen uns auf, um den niederländischen Agrarunternehmer zu besuchen, der hier in großem Stil Gemüse anbaut. Wir passieren einen erbärmlich armseligen Marktplatz, an dem Mais den Besitzer wechselt – die Stauden fürs Vieh, die Kolben für die Menschen.

Nach einigen Kilometern Schotterpiste links und rechts Gewächshäuser. Jan Prins, ein schlanker, kräftig wirkender, großer Mann, empfängt uns: »Ich war mein Leben lang Gemüsebauer und kam nach Äthiopien wegen der perfekten Bedingungen. Für Agrarinvestoren ist Äthiopien der Himmel auf Erden: Das Klima ist perfekt, es gibt viel Wasser und die Erde ist fruchtbar«, erzählt er uns.

Prins war einige Jahre Geschäftsführer einer riesigen Gemüsefarm des Großinvestors Mohammed Al Amoudi. Der Saudi-Araber mit äthiopischer Mutter ist der größte Investor in Äthiopien, ein Vertrauter des 2012 verstorbenen allmächtigen Premiers Meles Zenawi und diskreter Helfer, wenn die Nationalbank Devisen braucht.

Jetzt hat sich Prins selbständig gemacht und betreibt seine eigene Anlage. »Das nötige Land für den Betrieb zu bekommen ist leicht. Es gibt hier viel ungenutztes Land und die Regierung unterstützt die Investoren mit passenden Agrarflächen«, erzählt er und führt uns durch die endlos wirkenden Gewächshäuser mit Tomatenstauden und Paprika in den verschiedensten Entwicklungsstadien. »Wir produzieren Spitzenqualität, das ist im Freiland schwierig«, meint er, während die schwüle Hitze uns schon

*Äthiopien, Awassa-See: »Für Agrarinvestoren ist Äthiopien der Himmel auf Erden: Das Klima ist perfekt, es gibt viel Wasser und die Erde ist fruchtbar.«*

nach wenigen Metern den Schweiß aus allen Poren treibt, »gleich-bleibende Topqualität ist nötig, um das Spitzensegment unter den Abnehmern im Nahen Osten zu beliefern.«[52]

Prins wirkt offen und hat auch nichts dagegen einzuwenden, dass wir mit seinen Arbeiterinnen sprechen. Wir begleiten Alemgema Alemayoh nach Dienstschluss nach Hause. Am Gittertor der Firma werden alle Beschäftigten einer Leibesvisitation unterzogen. »Ich habe noch nie vom Gemüse gegessen, das ist streng verboten«, erzählt die junge, abgezehrt wirkende Frau auf dem kurzen Weg zu ihrer Hütte. Das Zuhause der Mutter von sieben Kindern ist selbst für afrikanische Verhältnisse extrem karg. Die löchrige Lehmhütte mit einem Raum lässt den Rauch des offenen Feuers durchs Schilfdach entweichen. »Im Gewächshaus ist es sehr heiß, die Arbeit ist hart. Ich verdiene 24 Euro im Monat. Wenn keine Überstunden anfallen, ist es noch weniger«, erzählt sie, während sie kleine Brotfladen an die vier anwesenden Kinder verteilt. »Ich habe noch drei weitere Kinder, aber die leben bei meiner Mutter, weil ich sie nicht ernähren kann.«[53] Sie könne sich nur Mais leisten, aus dem sie das Brot zubereitet, andere Nahrungs-mittel sind für die Arbeiterin unerschwinglich.

Am nächsten Morgen. Prins, der seit zehn Jahren hier Agrar-industrie betreibt, kennt die Vorteile, die ihm die Region bietet: »Die Produktionskosten sind hier niedriger als in Europa, und wir sind näher am Nahen Osten, beides verschafft uns Marktvorteile vor den europäischen Gemüseproduzenten.« Bahrein, Qatar und vor allem Dubai sind seine Hauptkunden, er beliefert dort die Spitzengastronomie, vor allem in den Fünf-Sterne-Hotels. »Der Kunde bestellt in der Früh, und wir beladen sofort die LKWs, die in fünf Stunden in Addis Abeba am Flughafen sind. Was wir heute ernten, ist morgen bereits in den Fünf-Sterne-Hotels in Du-bai«, sagt Prins nicht ohne Stolz.

Wir folgen dem Weg des Gemüses nach Dubai. Es braucht eineinhalb Tage hin und her zwischen den Chefs des Cargo-Flughafens der äthiopischen Hauptstadt, der Airline und der Polizei, um ein abfliegendes Flugzeug filmen zu dürfen. Aber dann stehen wir tatsächlich direkt an der Rollbahn und bekommen eindrucksvolle Bilder.

Dubai ist nicht weniger eindrucksvoll und die Behörden kön-nen mit jenen in Äthiopien durchaus mithalten. Obwohl wir alle

*Gemüseproduzent Jan Prins: »Wir produzieren für den Top-Markt mit niedrige-ren Produktionskosten als in Europa. Was wir heute ernten, ist morgen bereits in den Fünf-Sterne-Hotels in Dubai.«*

*Prins-Mitarbeiterin Alemgema Alemayoh mit Kindern: »Die Arbeit im Gewächshaus ist sehr hart, wir verdienen 24 Euro im Monat. Ich habe noch nie vom Gemüse gegessen, das ist streng verboten.«*

Regeln einhalten und wie gefordert eine lokale Produktionsfirma zur Begleitung anheuern, wollen die in fantasiereich geschnittenen Uniformen gekleideten Zöllnerinnen unser Equipment nicht ins Land lassen. Aus irgendeinem Grund missfällt ihnen der Stempel des österreichischen Zolls auf den Equipmentlisten. Mit der Zahlung einer stattlichen Summe lässt sich das Problem schließlich beheben und wir dürfen das Land mit Ausrüstung betreten.

Die Skyline zeugt von der Finanzmacht der Region, der Verkehr tut es auch. Das Burj Al Arab liegt wie eine Insel in der gleißenden Sonne etwas vom Strand entfernt. Innen fast abstrakt wirkende geometrische Architektur eines Luxushotels der Superlative. Jedes der acht Restaurants hat eine eigene spezielle Architektur, das Al Mahara wird von Glaswänden umgeben, hinter denen sich prächtige Fische tummeln. »Das raumhohe Aquarium im Restaurant ist die Kulisse für ein Mahl, bei dem das Beste gerade gut genug ist. Lassen Sie sich in den weichen Sesseln nieder, und versinken Sie im Anblick der bunten Unterwasserwelt neben Ihrem Tisch, während die preisgekrönten Küchenchefs etwas ganz Besonderes für Sie zaubern«, wird das Restaurant im Hotel,

*Luxushotel Burj Al Arab in Dubai: »Gold schmeckt eigentlich nicht, aber unsere Gäste mögen den Luxus des Goldes am Teller, wir brauchen einen goldenen Touch.«*

dessen Suiten im Sonderangebot für 2.910 bis 5.280 Euro pro Nacht zu haben sind, beworben.

Im Bauch des Hotels ein Kühlraum. Maxime Luvara ist hier seit vier Jahren Chefkoch. Er lässt sich frische Austern bringen und öffnet die Packung. »Es ist unglaublich, aber diese Austern lagen gestern Mittag noch im Atlantik vor der Bretagne. Sie wurden nachmittags herausgefischt und kamen über Nacht. Solche Ware wollen meine Gäste hier.«[54]

Nebenan wird das Gemüse im Chlorbad sorgfältig von Keimen befreit, dann in den Kühlraum gebracht. Weil die Waren aus vielen Regionen kommen, erklärt der Chefkoch, sind Desinfektionsbäder obligatorisch. Von den Kühlräumen holen die Chefköche der acht Restaurants das Gemüse ab, hektisches Treiben. Chefkoch Luvara kommt in die Küche und startet sofort mit Anweisungen für neue Speisenfolgen. Die Austern werden mit Sauce, Kaviar und Goldplättchen belegt. Luvara erklärt: »Gold schmeckt eigentlich nicht, aber es ist ein wichtiger Bestandteil hier. Schließlich sind wir hier das Burj Al Arab, unsere Gäste mögen den Luxus des Goldes am Teller, wir brauchen einen goldenen Touch.«

69

# Mosambik:
# Die Söhne der Raubpioniere scheitern

»Ich will Ihnen erklären, warum der Norden Mosambiks enormes Potenzial hat: Wenn ich eine Region näher betrachte, erstelle ich als Erstes eine Klimakarte. Hier sind die jährlichen Niederschläge dokumentiert, ihre Verteilung, die Temperaturkurven usw. Wir verwenden die Daten von eigenen Wetterstationen und historische Wetterdaten der letzten 30 Jahre.« Der brasilianische Agraringenieur Giuliano Marchini Senatore ist gesprächig. Er leitet ein Team von 30 Spezialisten, hauptsächlich Agrarfachleuten. »Mein Spezialgebiet sind Geografische Informationssysteme (GIS). Wir verwenden spezialisierte Software, um die Karten zu erzeugen.«[55]

Wir haben den Agrarprofi kontaktiert, weil er an einem der größten Landnahmeprojekte beteiligt ist, das je stattgefunden hat. Mit dem Know-how der Pioniere des Landraubes im Amazonasgebiet Cerrado sollte der »Nacala-Korridor« im Norden von Mosambik erschlossen werden. Ein Gebiet, das mit 14 Millionen Hektar etwa so groß ist wie die Schweiz und Österreich zusammen, und sich vom Malawi-See bis zur Hafenstadt Nacala erstreckt. Dieses Gebiet hätte so etwas wie die Sojakammer der Welt werden sollen. Die Stadt Nacala verfügt über den tiefsten natürlichen Hafen Ostafrikas und bildet die Endstation der Nacala-Eisenbahn.[56]

Der Nacala-Korridor wurde aufgrund der Analyse von Satellitenbildern angelegt, um die Möglichkeiten der Agrarindustrie zu optimieren. »Wir haben für den Nacala-Korridor agroklimatische Zonen erstellt. Wo bewässerte Landwirtschaft möglich ist, ist es für uns am interessantesten. Als Nächstes erstellen wir Karten zur Bodenbeschaffenheit. PH-Wert, chemische Zusammensetzung, Stärke der Humusschicht, Wasseraufnahmekapazität, ob die Böden flach sind, welche Neigung sie haben. Hier habe ich zum Beispiel eine Bodenkarte für Sojabohnen erstellt.«

Schließlich werden die Klima- und Bodenkarten übereinander gelegt. Dafür gibt es spezielle Computerprogramme. Als Ergebnis bekommen die Landraub-Planer Zonen angezeigt, die optimale Voraussetzungen für eine spezielle Anbaufrucht bieten.

»Schließlich muss ich rechtliche Fragen klären: Wem gehört das Land? Falls ich es kaufe, sind meine Investitionen rechtlich geschützt usw.?«, benennt Herr Senatore den wohl entscheidenden Punkt. Denn fast überall, wo günstige Voraussetzungen für Sojabohnen sind, werden die Böden auch jetzt schon von Bauern bearbeitet.

Die Planer und ihre Partner in Mosambik, Brasilien und Japan hatten sich Folgendes überlegt: Mosambik stellt 14 Millionen Hektar »unentwickeltes« Land – den Nacala-Korridor – bereit, Japan kümmert sich um die Infrastruktur der Eisenbahnlinie und des Hafens von Nacala und Brasilien bringt die Erfahrung seiner Großfarmen ein. Auf diese Weise könnte man in Nordmosambik gewaltige Mengen Lebens- und vor allem Futtermittel produzie-

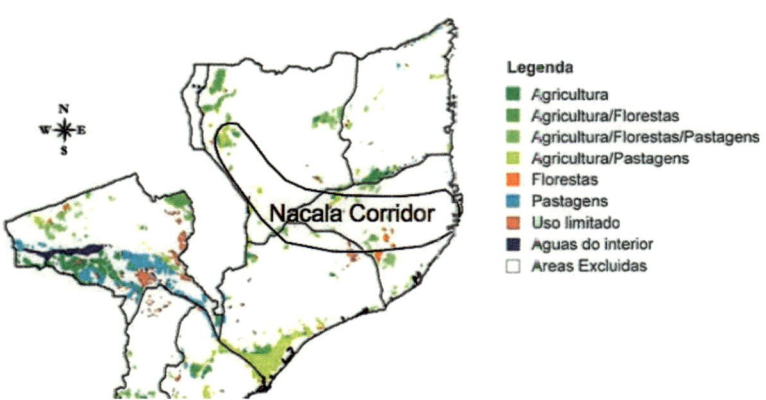

*Der Nacala-Korridor: eine Fläche so groß wie Österreich und die Schweiz zusammen für den Sojaanbau.*

ren und an die unersättlichen Schweinemastbetriebe in China verkaufen, die große Teile des global angebotenen Sojas aufkaufen. Die Projektentwickler schwärmten von den immensen, reichen natürlichen Ressourcen der Region, die attraktive Renditen versprechen.[57] Die Produktions- und Transportkosten wären deutlich günstiger als von Brasilien aus, wo man im Cerrado schon Erfahrung mit industrieller Landwirtschaft gesammelt hat.

Der Cerrado ist aus Sicht der Großgrundbesitzer eine Erfolgsgeschichte. Er besteht aus Tropensavanne und Galeriewäldern und nimmt etwa ein Fünftel Brasiliens ein. Es handelt sich um die biologisch reichste Savanne der Erde, fünf Prozent der gesamten Artenvielfalt der Erde sind hier zu finden. Darunter ein extrem hoher Anteil an endemischen Arten.

Landwirtschaftlich war der Cerrado lange Zeit uninteressant, bis die Wissenschaftler des brasilianischen Agrarforschungsinstituts Emprapa erkannten, dass man die sauren, nährstoffarmen Böden mithilfe von Kalk und Phosphor in Agrarland umwandeln kann. Heute werden jährlich 25 Millionen Tonnen Kalk auf den Feldern des Cerrado ausgebracht. Außerdem wurden Sojabohnensorten entwickelt, die im tropischen Klima gut gedeihen. Brasilien wurde zum größten Sojaproduzenten der Welt.

Etwa 40 Prozent des Cerrado wurden in Ackerland verwandelt, weitere 40 Prozent werden als Weiden und zur Holzkohleproduktion verwendet, man hat dort schnell wachsende Bäume, zum Beispiel Eukalyptusplantagen, angelegt, die Galeriewälder sind stark gefährdet. Nur etwa ein Fünftel des Ökosystems ist noch intakt. Lediglich 1,5 Prozent der Fläche sind als Schutzgebiete ausgewiesen. Die weitere Expansion der Landwirtschaft ist schwierig.[58]

Die Söhne der erfolgreichen Cerrado-Farmer sahen sich also weltweit um, ob es irgendwo ähnliche Expansionsmöglichkeiten gibt, wie sie ihre Väter vor 40 Jahren in Brasilien vorgefunden hatten. Einige der Farmen bewirtschaften in Brasilien Flächen von 100.000 oder sogar 230.000 Hektar.

Schließlich entdeckten sie den Norden Mosambiks. Der Nacala-Korridor liegt in einer ähnlichen Klimazone wie der Cerrado, und Portugal als Kolonialmacht hat dafür gesorgt, dass in Mosambik wie in Brasilien die gleiche Sprache gesprochen wird. So wurde das Projekt »ProSavana« erdacht – eine Dreieckskooperation für die landwirtschaftliche Entwicklung der mosambikanischen Savanne, eine Initiative der Brasilianischen Entwicklungsagentur (ABC), der Japanischen Internationalen Entwicklungsagentur (JICA) und dem Landwirtschaftsministerium von Mosambik (MINAG).

Das Wissen und die Erfahrungen, die während der Erschließung des brasilianischen Cerrado in den vergangenen Jahrzehnten gemacht wurden, sollte in Mosambik, aber auch in anderen Teilen Afrikas, von Nutzen sein. In Afrika gibt es noch 400 Millionen Hektar verfügbares Agrarland.

Angeblich war auch die Einbeziehung einzelner lokaler Bauern und deren Einweisung in moderne Agrartechnologie geplant.[59]

Zunächst erstellten Giuliano Marchini Senatore und sein Team im Geheimen einen detaillierten, mehr als 200 Seiten umfassenden Masterplan. Darin wird genau dargestellt, welche Gebiete dieser Region für welche Feldfrucht optimal geeignet sind.

# Ein Datenleck und der Widerstand

Seit 2009 hatten die beteiligten Regierungen am ProSavana-Projekt gearbeitet und den »Nacala Corridor Fund« nach luxemburgischem Recht geplant, um Geld von internationalen Agrarinvestoren einzusammeln. Im März 2013 kam der Masterplan dann ohne Wissen der Betreiber an die Öffentlichkeit. Er wurde geleaked, wie man das heute nennt. Und es gab international einen Aufschrei der Empörung. Dutzende NGOs in Brasilien, Mosambik und Japan forderten, das Projekt aufzugeben. Im Unterschied zum brasilianischen Cerrado, der landwirtschaftlich nicht genutzt worden war und »nur« von einigen Indianern bewohnt war, die leicht vertrieben und marginalisiert werden konnten, ist der Norden Mosambiks sehr wohl besiedelt. Er bildet das Hauptagrargebiet des Landes und ist von Millionen Kleinbauern bewohnt. Sie bräuchten mehr staatliche Unterstützung und bessere Infrastruktur, aber keine industrielle Landwirtschaft nach brasilianischem Vorbild.

Um die lokalen Bauern mit in das ProSavana-Projekt einzubeziehen, hatten sich die brasilianischen Planer etwas ausgedacht. Ein ausgewählter brasilianischer Farmer, der besondere Leistungskennzahlen erfüllt, sollte eine bestimmte Fläche zugewiesen bekommen, gemeinsam mit vier mosambikanischen Bauern. Der Brasilianer sollte der Schutzherr oder Tutor der Mosambikaner sein. Auf seinem Betrieb hätten laut Plan die mosambikanischen Kleinbauern alles lernen sollen, was sie für die moderne Landwirtschaft brauchen. Der Brasilianer und die vier einheimischen Landwirte bilden gemeinsam einen Cluster.

In den ersten drei Jahren wollte man jährlich zehn Cluster zu je 10.000 Hektar bilden. Auf diese Weise sollte die Region in einigen Jahren ein Gebiet der Intensivlandwirtschaft werden. Ziel des brasilianisch-japanisch-mosambikanischen ProSavana-Projekts war es, die fruchtbare mosambikanische Savanne in eine landwirtschaftliche Exportzone zu verwandeln.

Es ist vermutlich der großflächigen internationalen Mobilisierung zu verdanken, dass die mosambikanischen Bauern nicht einfach von ihrem Land vertrieben werden konnten und das ambitionierte Projekt bis heute nicht richtig gestartet ist.

Und es liegt auch daran, dass Mosambik eine leidlich demokratische Regierung hat, die aus dem Unabhängigkeitskampf hervorging und mit dem Kampf der Bauern um Land verbunden ist. Außerdem gewähren die nutzerfreundlichen Landgesetze dem Bauern das Recht über das Land, wenn er es seit mindestens zehn Jahren bestellt.

Lediglich bei der Stadt Gurué gibt es bisher einige große Sojafarmen, die für die lokale Geflügelproduktion produzieren, allerdings sind sie weit von dem entfernt, was sich die Investoren des Projekts erhofft hatten. Americo Uaciquete vom ProSavana-Büro in Nampula: »Die brasilianischen Farmer erwarteten 40.000 Hektar große Flächen, die leer und gerodet sein sollten. Dabei können wir ausländischen Investoren maximal 2.000 Hektar anbieten, aber nur, wenn sie die lokalen Bauern einbeziehen.« Größere Flächen seien nur mit Waffengewalt zu erhalten. Durch den Widerstand der Zivilgesellschaft war die mosambikanische Regierung gezwungen, sich auf die beiden Aspekte von ProSavana zu konzentrieren, die ohne ausländische Investoren zu verwirklichen sind. Forschung, um besser angepasstes lokales Saatgut zu erzeugen, und Agrarberatung für die Bauern vor Ort, um ihre Produktivität zu steigern.

In der im September 2013 erschienenen »concept note« des Projekts sind die großen Investitionspläne nicht mehr zu finden und auf die Kritik der NGOs wird Rücksicht genommen.[60]

Bedeutet diese Kehrtwende das Ende der Großinvestitionen in die Landwirtschaft Mosambiks?

Nach dem Zurückweichen beim ProSavana-Projekt starten Regierung und Geschäftsleute einen weiteren Versuch, ein riesiges Agrarprojekt zu verwirklichen. Diesmal beim Lúrio-Fluss, ebenfalls im Norden Mosambiks, das Projektgebiet erstreckt sich über drei Provinzen.

# Kambodscha:
# Vertreibung und Widerstand

Ankunft in der kambodschanischen Hauptstadt Phnom Penh. Ein kleiner Flughafen, der an die 1970er-Jahre erinnert. Lin, eine junge Producerin, hat für die reibungslose Passage des Zolls mit unserem Kamera-Equipment gesorgt. Es habe Probleme gegeben, erzählt sie über die letzten Tage der Vorbereitung der Dreharbeiten, weil einige hundert Vertriebene in der Pagode des Mönches Zuflucht gesucht haben, mit dem wir drehen wollen. Die Polizei übe Druck aus, damit die ungebetenen Menschen die Stadt verlassen, und ein Dutzend Personen sei bei einer Demonstration verhaftet worden. Eigentlich wollten wir ja ohne große Formalitäten drehen, aber jetzt möchte Lin uns auch als Journalisten

*Straßenszene in Pnomh Penh: Motorräder mit vielerlei Aufbauten und Anhängern sorgen für ein faszinierendes Verkehrsgewirr, Staus lösen sich stets wie von selbst wieder auf, kaum ist der Verkehr ins Stocken geraten.*

akkreditieren. »Sie werden euch trotzdem schlagen, wenn es zur Konfrontation kommt«, sagt sie, »aber dann habt ihr wenigstens einen offiziellen Status.« Einige Journalisten seien in den vergangenen Tagen schwer verletzt, andere verhaftet worden, als sie über den Widerstand derer berichten wollten, denen Land und Existenz geraubt wurden.

Ich kenne Phnom Penh nur aus Filmen – überwiegend aus der Zeit des Vietnamkrieges und der Herrschaft der Roten Khmer – und bin überrascht von den vielen nett anmutenden kleinen Straßen, gesäumt von zwei- bis dreistöckigen Häusern im französischen Kolonialstil und dem enorm dichten, aber ohne Hektik und Hupen ablaufenden Verkehr. Vor allem Mopeds und Motorräder mit vielerlei Aufbauten und Anhängern sorgen für ein faszinierendes Verkehrsgewirr, Staus lösen sich stets wie von selbst wieder auf, kaum ist der Verkehr ins Stocken geraten. Auf den quer liegenden Brettern mancher Anhänger sitzen zwei Dutzend Menschen, auf anderen türmen sich riesige Lasten, auf einem Moped finden auch schon mal fünf Menschen Platz. Daneben die rasch wachsenden Distrikte mit Bürohochhäuser und Highway-Baustellen – die Eliten des Landes sind offenbar im modernen Business angekommen.

Wir fahren durch die kleine Einfahrt in den Hof der Samakki Raingsey Pagoda. Das buddhistische Kloster ist eine Baustelle, der Zubau im Obergeschoss ist noch nicht fertig. Der geräumige Hof ist voll mit Menschen, die im Dämmerlicht sitzen oder liegen. Traurige, leere Gesichter, dazwischen Kleinkinder, die nicht spielen.

Ein junger Mönch in der vertrauten orangen Kutte führt uns in die Pagode. Wir queren den großen, von Säulen und allerlei Glitzerlichtern gesäumten Raum und müssen uns einen Weg durch Hunderte Menschen bahnen, die herumsitzen oder im Dämmerschlaf daliegen. Die Stimmung ist gedrückt, ich kann in den Gesichtern lesen, dass die Menschen hier Schlimmes erlebt haben.

*Landraub in der Provinz Kratie, Kambodscha 2014: »Als ich Kartoffeln pflanzen wollte, kam der Bulldozer und hat alles zerstört.«*

Luon Sovath bewohnt einen kleinen Raum neben der Gebetshalle. Eine Dusch- und eine Kochnische, eine Matratze, ein Sessel mit vorklappbarem Pult, wie sie in Seminarräumen der Universitäten üblich sind, bilden das karge Inventar. An der Wand hängen einige orange Kutten.

Ich habe Luon Sovath im Internet kennengelernt. Er bloggt auf Facebook und postet seit einigen Jahren umfangreiche Berichte über den Raubzug, den die kambodschanische Regierung für die großen Konzerne an ihren eigenen Bürgern verübt – illustriert mit Handyvideos, die belegen, wie brutal die Behörden dabei vorgehen. Der Mönch hat nach einigem Zögern zugestimmt, bei unserem Film mitzuwirken.

Luon Sovath sitzt auf dem Seminarstuhl, vor sich den Laptop, und bearbeitet Videos. Ich blicke über seine Schulter und sehe einen mit Stahlrohr gepanzerten LKW, wie er bei Waldrodungen verwendet wird, in ein Haus fahren. Die Pfähle, auf dem das kleine Holzhaus steht, knicken wie Streichhölzer, mit einer kleinen ruckartigen Vorwärtsbewegung hat der LKW das ganze Haus flachgelegt.

Wer zerstört die Häuser, frage ich. »Die Behörden«, sagt der Mönch.[61] »Die Behörden und die Firma haben sich zusammengeschlossen, um die Häuser von 405 Familien zu zerstören.« 261 Häuser im Osten des Landes nahe der Grenze zu Vietnam seien plattgewalzt und anschließend niedergebrannt worden, erzählt der Mönch. Man habe den Menschen – wie in solchen Fällen üblich – alle Habseligkeiten genommen und sie vertrieben, um die 2.000 Hektar Ackerland dem Konzern zu übergeben, der im Osten des Landes großflächig Gummiplantagen betreibt. Doch diese Gruppe von Kleinbauern zerstreute sich nach ihrer Vertreibung nicht wie meist in alle Richtungen, sondern blieb zusammen, erzählt der Mönch. Sie seien aber immer wieder vertrieben worden, weil ihre Anwesenheit von den Behörden als illegale Demonstration gewertet wurde. Die Irrfahrt durchs Land habe erst ein Ende gefunden, als die Mönche rund um Luon Sovath es den Vertriebenen gestatteten, auf dem Gelände ihres Tempels in Phnom Penh, gut 200 Kilometer von ihrer Heimat entfernt, zu bleiben.

*Versammlung der Vertriebenen in der Pagode: » Wir sind auf die Polizei vorbereitet, wann immer sie kommen. Wir haben keine Waffen, mit bloßen Händen werden wir das Tor versperren und die Mönche schützen.«*

Wir entscheiden, erst einmal die Vertriebenen kennenzulernen und ihre Geschichte zu hören. Auf dem Hof ist ein LKW angekommen, sofort bildet sich eine Menschenkette, um die Wasserflaschen zu entladen. Lin erzählt von Gesprächen, die sie aufgeschnappt hat: Die Polizei übt Druck auf die Mönche aus und verbietet ihnen, wie üblich auf der Straße um Essensspenden zu bitten. Es sind hier nun nicht nur die Flüchtlinge, sondern auch die regulären Bewohner des Tempels auf Lebensmittelspenden angewiesen. Da es gelungen ist, die relativ wohlhabende Khmer-Community in Australien einzuschalten, kann aus den Spendengeldern von dort ausreichend Verpflegung gekauft werden.

In kleinen Hütten auf dem Gelände haben die Flüchtlinge eine improvisierte Großküche aufgebaut, Dutzende Frauen und Männer schnibbeln Gemüse und kochen Reis.

»Wir hatten drei Hektar Ackerland«, erzählt Heng Kiemhiet, eine rundliche, freundlich wirkende Frau. »Als ich Kartoffeln pflanzen wollte, kam der Bulldozer und hat alles zerstört.« Eine hagere Frau kommt hinzu und erzählt: »Sie haben unser ganzes Land genommen, um es dem vietnamesischen Bin-Phoeuk-Konzern zu geben, der riesige Gummiplantagen betreibt. Wir haben geweint, aber die Polizisten haben gesagt, dass wir hier illegal sind und wegmüssen.« Sie seien zunächst in der Provinzhauptstadt Kratie und dann in Phnom Penh von Kloster zu Kloster geirrt, bis sie hier Aufnahme gefunden haben.

Das Kloster hier ist eine der wenigen buddhistischen Einrichtungen, die nicht vom Staat finanziert werden. Aus den unter Staatseinfluss stehenden Einrichtungen wurden die couragierten Vertriebenen, die sich nicht noch einmal auseindertreiben ließen, sondern als Gruppe zusammenblieben, immer wieder verwiesen. »Der Abt hat uns eingeladen, aber jetzt wird ihm mit Verhaftung gedroht, weil er uns hier illegal versorgt«, erzählt die Frau. »Wir sind auf die Polizei vorbereitet, wann immer sie kommen. Wir haben keine Waffen, mit bloßen Händen werden wir das Tor versperren und die Mönche schützen.«

81

Und wer sind »sie«? »Polizisten und Vietnamesen vom Unternehmen Bin Phoeuk, auch der Gouverneur von Kratie war da und hat alles angeordnet.« Seit 2008 hätten sie und ihre Familie das Land bebaut. »Ich habe Mangos, Bananen, Papayas gepflanzt. Ausreichend für den eigenen Bedarf. Und jetzt ist alles vernichtet.«

»Sie haben mit dem Erschießen gedroht, wenn wir nicht verschwinden«, erzählt der Bauer Buang Nan. »Und sie sagten, dass diese Äcker uns nicht gehören! Die Regierung habe sie ihnen schon verkauft und jetzt wird da Kautschuk angebaut.«

Die Vertriebenen haben Petitionen verfasst und diese an die Botschaften der EU, Australiens und Japans geschickt. Aber es habe keine Antwort gegeben.

Es ist Abend geworden. Im bunt dekorierten Gebetssaal der Pagode findet eine Art Plenum der Vertriebenen statt. Venerable Thach Samang, ein weiterer Mönch, hat einen Brief in der Hand und ergreift das Wort. »Hier ist ein Brief von Hun Sen, dem Premierminister des Königreichs Kambodscha. Er schreibt: ›Ihr habt das Land illegal genutzt.‹ Wart ihr illegal auf dem Land? Nein! Das ist Unsinn! Wir sind Khmer und leben auf Khmer-Land. Was soll daran illegal sein?«

Er wird immer wieder von Applaus unterbrochen, die Menschen, die zuvor noch apathisch herumgesessen sind, wirken kämpferisch.

»Die vietnamesische Firma verfügt über Hunderttausende Hektar, fast eine Million. Warum ist das nicht illegal?«, fragt der Mönch. »Sie sagen, dass die Vietnamesen pro Hektar fünf Dollar im Jahr Pacht zahlen. Warum verpachtet die Regierung nicht an uns? Wir könnten mehr zahlen!«

Lin steht neben mir und übersetzt schnell und präzise. »Wenn der Premier und seine Leute mit uns Schach spielen, werden sie ordentlich verlieren! Wenn sie uns erschießen wollen, können sie es tun! Warum akzeptieren sie unsere Forderungen nicht? Weil sie Betrüger sind! Sie haben uns schon mehrfach angelogen. Wir glauben ihnen kein Wort mehr.« Tosender Applaus.

# Das harte Erbe

Es ist spät geworden. Wir fahren im Tuk-Tuk, einer Art Moped-
rikscha, durch das Gewirr der Motorräder zum Hotel, das im
alten französischen Viertel liegt. Alle schweigen. Wir haben alle
gelesen, dass hier die Regierung mit einer Clique von ehemaligen
Militärs und einigen Konzernen einen großen Teil des Ackerlandes an Betreiber von Plantagen langfristig verpachtet hat. Aber
jetzt die Opfer dieser Politik selbst kennenzulernen macht einen
wesentlichen Unterschied.

Die Khmer sind ein auffallend freundliches Volk. Sie haben in
den vergangenen Jahrzehnten viel gelitten. Noch vor 50 Jahren
galt das Land, halb so groß wie Deutschland, als Kornkammer
am Mekong, fast die gesamte Bevölkerung lebte als Subsistenz-
bauern mit stabilen Besitzverhältnissen. Zwei Drittel des Landes
waren mit Regenwald bedeckt. Dann kamen die Amerikaner, um
die Nachschubwege des Vietcong zu unterbrechen. Und dann
errichteten die Roten Khmer ihre Schreckensherrschaft. Zwei
Millionen Menschen wurden ermordet, Millionen flohen, die
Roten Khmer vernichteten alle Dokumente, die Aufzeichnungen
zur früheren Landnutzung enthielten, und schafften den privaten
Bodenbesitz ab. Die Vietnamesen, die 1979 das Land besetzten,
änderten daran kaum etwas, erst 1989 zogen sich die vietnamesischen Truppen zurück. Zu Beginn der 1990er-Jahre übernahmen
es die Vereinten Nationen, mithilfe des Internationalen Wäh-
rungsfonds, der Weltbank, der Asiatischen Entwicklungsbank
(ADB) und anderer Entwicklungsorganisationen, die moderne
Marktwirtschaft einzuführen. Gut 30.000 Mitarbeiter internationaler Organisationen zeigten den Khmer, wie das funktioniert.
Seither herrscht hier praktisch das Gesetz des Stärkeren. Eine

Clique von Exmilitärs übernahm politisch und ökonomisch die Macht und verstand es, die massive Aufbauhilfe des Westens für sich zu nutzen.

2001 wurde auf massiven internationalen Druck und mit deutscher Hilfe ein Landgesetz verabschiedet, das allen Menschen, die bereits fünf Jahre ein Stück Land bearbeiten, einen Besitztitel zusprach.

Den musste man freilich bei den Behörden beantragen. Und gleichzeitig wurde verfügt, dass die Regierung im öffentlichen Interesse bis zu 10.000 Hektar am Stück enteignen und verpachten darf.

»Gute Gesetze, ausgearbeitet mit deutscher Unterstützung«, sagt Manfred Hornung, der in Phnom Penh für die Heinrich-Böll-Stiftung arbeitet. »Das Problem ist nur: Wer setzt die Gesetze durch? Kambodschas Gerichte können Sie da vergessen. Ich kenne keinen Fall, wo durch Gericht Land zurückgegeben oder den Leuten eine faire Entschädigung zuerkannt wurde.«[62] Im Grundkataster, das mit großem Aufwand geschaffen wurde, gibt es zwar

*Vertriebene Bauern in Pnomh Penh: »2,6 Millionen Hektar, fast zwei Drittel des Ackerlandes, sind bereits von der Regierung an die Großkonzerne konzessioniert, meist für 50 bis 99 Jahre.«*

84

1,5 Millionen Landtitel, allerdings sind das hauptsächlich Besitztitel für unumstrittenes Land. Überall, wo Plantagen geplant waren, wurden die Rechtstitel offenbar nicht vergeben. Internationale Beobachter sind überzeugt, dass die Ausstellung der Titel von
korrupten Beamten verhindert wurde.[53]

Zur Modernisierung des Landes sei es im öffentlichen Interesse, Lizenzen für Großplantagen zu vergeben, argumentieren die
Regierungsvertreter. 2,6 Millionen Hektar, fast zwei Drittel des
Ackerlandes, sind bereits an die Großkonzerne konzessioniert,
meist für 50 bis 99 Jahre.[64] Und das Land wird praktisch immer
bestandsfrei übergeben – die Kleinbauern werden vom Militär
und paramilitärischen Schlägertruppen vertrieben, die Häuser
niedergebrannt.

# Rebellen in Orange

Am nächsten Morgen sind wir wieder in der Pagode, beginnen mit den Dreharbeiten. Beim Eingang stehen ein paar Polizisten, sonst ist alles ruhig.

Es ist heiß. Luon Sovath bleibt ruhig an seinem Arbeitsplatz sitzen. Wir nehmen auf der Bank an der Wand Platz, und der Mönch erzählt in schleppendem Englisch, was ihn zum unbeugsamen Kämpfer gegen Land Grabbing gemacht hat.[65] »Am 22. März 2009 haben die Behörden die Bauern meiner Heimatgemeinde mit Gewalt vertrieben. Als sie versuchten, sich zu wehren, schoss die Polizei, ohne zu zögern. Mein Bruder und mein Neffe wurden von Kugeln getroffen.« Vier Dorfbewohner wurden schwer verletzt, 40 Personen wurden verhaftet. Die 175 Familien des Dorfes haben ihr gesamtes Ackerland, insgesamt 400 Hektar, verloren. »Es gibt keine Arbeit und kein Essen mehr. Die Leute verlassen das Dorf. Manche suchen Arbeit in Thailand und geraten Menschenhändlern in die Hände«, sagt der Mönch und setzt fort: »Ich stamme aus einer armen Familie. Mit 15 Jahren wurde ich buddhistischer Mönch. Der Geschäftsmann, der das Projekt umsetzen wollte, schaffte es, dass neun der Protestierenden angeklagt und verurteilt wurden. Angeblich hätten sie Reis von den Feldern gestohlen. Dabei waren es ihre eigenen Felder. Ich kam kurz danach, filmte, was passiert war, und sammelte die Handy-Videos der Dorfbewohner.«

Dann hält er inne und arbeitet weiter am Latop. Er formatiert Videosequenzen mit Bewaffneten, die Menschen aus Häusern vertreiben, ich sehe brennende Häuser am Straßenrand, weinende Menschen, fliehende Kinder. Dann Protestaktionen.

Luon Sovath berichtet: »Der Abt meines Klosters rief mich an. Ich sollte sofort nach Phnom Penh zurückkommen, sonst würde

86

ich verhaftet werden. Ich sagte, dass ich bleiben muss, es gibt hier viel zu tun. Anschließend durfte ich nicht wieder in mein Kloster und die Polizei hat mehrfach versucht, mich zu verhaften. Dieser Vorfall hat mir die Augen geöffnet. In ganz Kambodscha sind etwa 600.000 Menschen vom Landraub betroffen. Ich dokumentiere diese Fälle, besuche die Opfer in den Gefängnissen und spreche ihnen und den Menschen in den Dörfern Mut zu. Ich werde nicht ruhen, bis sie ihr Land wiederhaben.«

Der Mönch unterbricht seine Erzählung und meint, dass er nun wegmüsse, eine Demonstration gegen Landraub und für die Freilassung einiger inhaftierter Aktivisten würde bald beginnen. Er lädt uns ein mitzukommen.

Im Tuk-Tuk erzählt er weiter. »Als ich die Videos öffentlich machte, wurde ich von den Behörden beschuldigt, falsche Informationen zu verbreiten. Dann haben sie mein ganzes Videomaterial beschlagnahmt. Sie sagten, es sei illegal. Es sei gegen das Ge-

*Luon Sovath (Mitte) bei einer Demonstration: »Ich filme alles und stelle es auf Facebook, das ist die einzige unabhängige Informationsquelle für die Menschen.«*

87

setz, das zu tun. Aber ich habe nur das gezeigt, was wirklich passiert ist. Ich habe nichts manipuliert. Die Fotos und Videos zeigen die Wahrheit.«

Er wurde verhaftet, dann wieder freigelassen, die Äbte seines damaligen Klosters – es wird staatlich finanziert – verboten ihm weitere Aktivitäten und setzten ihn, als er das nicht akzeptierte, vor die Tür.

»Ich machte dennoch weiter, ein Jahr, zwei Jahre und bis heute. Am Anfang war ich der einzige Mönch, der das Unrecht dokumentierte. Doch heute gibt es viele Mönche, die aufstehen und ihre Handys und ihre Kameras einsetzen, um Ähnliches zu tun wie ich. 2009 hatte ich noch kein Facebook oder YouTube, das kam erst 2010. Heute ist Facebook in Kambodscha sehr populär. Was auch immer in Kambodscha geschieht, kann man auf Facebook sehen, im TV und in den Zeitungen steht nur, was der Regierung gefällt. Im Internet können alle alles sehen und teilen. Und das kann alles verändern, es kann die schlechte Politik verändern, es kann die Ungerechtigkeiten und die Menschenrechtsverletzungen in Kambodscha verändern.«

Ein Polizist auf einem Motorrad fährt eine Zeitlang neben uns. »Immer wenn ich das Kloster verlasse, folgt mir die Polizei und manchmal Spione. Polizeispitzel, die keine Uniform anhaben und die man daher nicht immer erkennt«, erklärt der Mönch. »Aber ich erkenne sie trotzdem, weil sie mir immer folgen. Wenn ich stehen bleibe, bleiben sie stehen, wenn ich weiterfahre, fahren sie auch weiter. Daran erkenne ich sie.«

Einmal habe die Polizei auch sein Tuk-Tuk angehalten. »Sie wollten mir meine ganze Ausrüstung wegnehmen: meine Kamera, mein Handy usw. Aber ich habe es nicht hergegeben, schließlich ist es mein Eigentum. Dann haben sie mich angeschrien: ›Du bist ein schlechter Mönch! Du bist ein verrückter Mönch, du bist ein schlechter Kambodschaner. Du verstößt gegen das Gesetz, du brichst die buddhistischen Regeln!‹ Welches Gesetz, welche Regeln? In Kambodscha sprechen die Autoritäten immer vom Ge-

*Bereitschaftspolizei in Pnomh Penh: »Sie müssen jetzt gehen, es sind alle Fragen beantwortet«, plärrte es aus dem Polizeilautsprecher.*

setz. Sie reden nur vom Gesetz, so wie es Diktatoren tun. Aber das Recht des Stärkeren ist kein Gesetz.«

Das Gewimmel von Motorrädern nimmt zu, der Fahrer des Tuk-Tuks lässt sich kaum beirren und schafft es irgendwie, sich einen Weg zu bahnen. An der Uferstraße des Mekong in der Nähe des Königspalastes hat die Polizei mit Sperrgittern die Straße blockiert, einige Dutzend Mönche stehen davor. Ein Mönch plärrt durchaus militante Parolen gegen die räuberische Regierung durchs Megafon, wie Lin dolmetscht. Während jenseits der Sperre zunächst Polizisten in Straßenkampf-Montur Aufstellung nehmen und dann auch noch Klein-LKWs auftauchen, auf denen Männer in Fantasieuniformen mit Motorradhelmen und Schlagstöcken sitzen, steigen meine Zweifel, diesen Platz unversehrt wieder verlassen zu können.

Die Mönche und mit ihnen eine Handvoll Menschen in normaler Kluft rufen noch einige Parolen, ziehen sich aber dann zurück. Ich bin froh, dass wir und die Kamera heil geblieben sind.

Der Widerstand der Mönche sei in den vergangenen zwei Jahren deutlich stärker geworden, erzählt Lin. Sie werden immer noch geachtet und haben daher mehr Handlungsspielraum als Laien. Dass sie diesen nun im Kampf für Menschenrechte einsetzen, finde ich bemerkenswert. Denn bedroht werden auch sie.

89

Seit dem Rückzug der Vietnamesen, welche die Schreckensherrschaft der Roten Khmer militärisch beendet haben, regiert in
Kambodscha eine Art Staatspartei, die alle Hebel der Macht in
Händen hält und ihre Position auch mit Gewalt verteidigt. Oppo-
sitionelle Politiker landen immer wieder unter fragwürdigen An-
schuldigungen im Gefängnis. Bei den letzten Wahlen, erzählt Lin,
sei die Auszählung für Stunden unterbrochen worden, als die
Regierungspartei ungünstig lag, danach war wieder die satte
Mehrheit vorhanden. Der von der nationalen Wahlkommission
verkündete Sieg des seit 1989 regierenden Hun Sen und seiner
Partei wird aufgrund des Verdachts weitverbreiteter Wahlmani-
pulationen von den Oppositionsparteien nicht anerkannt, aber
das ändert nichts an den Machtverhältnissen.

Die offiziellen Massenmedien werden von der Regierung kontrolliert, weiß Loun Sovath, aber auf Facebook und YouTube
können die Menschenrechtsgruppen Informationen austauschen
und auch die Welt vom Geschehen hier informieren.

Zurück in der Pagode, ist sofort spürbar, dass etwas die Stimmung massiv verändert hat. Lautes Reden, Lachen ist zu hören,
aber auch flackernde Angst ist in manchen Augen zu sehen.

Männer in weißen Hemden stehen herum, einige mit Funk-
geräten. Den Vertriebenen sei das Angebot gemacht worden, zumindest einen Teil ihres Bodens wieder zurückzubekommen,
wenn sie nun die Stadt verlassen, erzählt ein Mönch.

Diskussionen rundherum. Will man diesen Unruheherd in der
Hauptstadt loswerden, ist das Angebot nur ein Trick?

Einer der auffällig unauffälligen Männer sagt unserer Über-
setzerin, dass nun ein Filmteam hier nichts mehr verloren habe, es
gäbe nichts mehr zu berichten.

Wir beraten uns mit Loun Sovath. Morgen früh, sagt er,
würde eine kleine Abordnung unter dem Schutz der Mönche nach
Kratie fahren und die Lage sondieren. Wir entscheiden uns, mit-
zufahren.

# Die Gummibarone

Kratie liegt an der Grenze zu Vietnam, es liegen gut acht Stunden Autofahrt vor uns. Die letzten Stunden geht es durch graugrüne Baumreihen. Kautschukplantagen.

Das Wort Kautschuk kommt aus einer indianischen Sprache, »cao« für Baum und »ochu« für Träne, zusammen »Träne des Baumes«. 60 Prozent des weltweiten Bedarfs werden heute durch petrochemisch hergestellten synthetischen Kautschuk gedeckt.[66] Wir rollen auf Naturkautschuk durch die riesige, vom Mekong gestaltete Ebene, während ich in den Unterlagen blättere. Naturkautschuk ist im Vergleich zu den gängigen synthetischen Varianten wesentlich strapazierfähiger und wird daher beispielsweise

*Vertriebene bei Kratie: Drei große vietnamesische Kautschukkonzerne haben sich in Kambodscha breitgemacht und riesige Ländereien für Plantagen auf 99 Jahre gepachtet.*

für stark belastete Reifenanwendungen im Baugewerbe eingesetzt. Bei herkömmlichen Autoreifen werden Synthese- und
Naturkautschuk gemischt.

Zwei Drittel des Kautschuks dienen zur Produktion von
Autoreifen, der Rest wird zur Herstellung von Latexprodukten
wie Matratzen, Kondomen, Handschuhen für Mediziner, aber
auch für Dichtungsprofile und Motorlager verwendet.[67]

Vor allem China mit der Gier nach immer mehr Autos heizt
dem Kautschukmarkt ein, Nachfrage und Preis steigen seit Jahren.
2020 wird China bereits ein Drittel der weltweiten Kautschuk-
produktion benötigen. Fred Pearce schreibt in seinem Buch »Land
Grabbing« von einem Kautschuktsunami, der Vietnam, Kambodscha, Laos und Myanmar überrollt – vergleichbar mit der
Übernahme Indonesiens durch die Betreiber von Palmölplantagen,
auf die ich noch eingehen werde.[68] Zu den Kautschukbaronen, die
in Laos und Kambodscha riesige Ländereien lizensieren konnten,
gehört Doan Nguyen Duc, der von sich erzählt, den ersten Privat-
jet Vietnams zu besitzen.

Drei große vietnamesische Konzerne haben sich in Kambodscha – wie üblich mit der Hilfe der großen Banken, darunter
wieder die Deutsche Bank – breitgemacht und riesige Ländereien
für Plantagen auf 99 Jahre gepachtet.[69]

Kautschuk hat in Südostasien schon lange einen prägenden
Einfluss. In den 1930er-Jahren betrieb die französische Reifenfir-
ma Michelin Plantagen, die sich über 300 Kilometer Länge an der
Küste Vietnams erstreckten. Die unmenschlichen Arbeitsbedin-
gungen dort waren der Nährboden der kommunistischen Bewe-
gung, die zunächst die Franzosen und dann die US-Amerikaner
vertrieb. Nun sind Potentaten aus der Region selbst am Zug. Im
Mai 2013 berichtete die britische Menschenrechtsorganisation
Global Witness über die rabiaten Methoden des vietnamesischen
Mischkonzerns Hoang Anh Gia Lai (HAGL) bei der Kautschukge-
winnung in Kambodscha und Laos. Demnach hatten HAGL-Leute
Bauern von ihren Ländereien vertrieben, die Flächen gerodet und

dort anschließend Kautschukplantagen errichtet. Kommunale Wälder seien mit dem Bulldozer plattgemacht und große Flächen intakten Waldes für die Kautschukplantagen gerodet worden – teilweise ohne Rechtsgrundlage.

Christian Brüser, der mit mir am Film »Landraub« arbeitet, hat die Gegend schon 2010 besucht, ich lese den Text seiner Radioreportage:

*»Heute ist es gefährlicher als unter Pol Pot. Damals haben sie die umgebracht, die gegen die Regeln verstießen, heute bringen sie uns alle um, indem sie unser Ackerland rauben. Wir haben kaum noch zu essen und werden verhungern«, erzählt Kath Veurn, eine Vertriebene. Sie hat in ihrem Leben schon viel Schlimmes überstanden: den amerikanischen Bombenhagel im Vietnamkrieg, als der Ho-Chi-Minh-Pfad hier im Osten Kambodschas vorbeiführte, und die anschließende Schreckensherrschaft der Roten Khmer. Ihr Gesicht ist von Falten übersät, einige Zähne fehlen, die restlichen sind vom Betelnusskauen braun gefärbt. 15 Kinder hat sie geboren. »Einige leben, einige sind gestorben«, erklärt sie beiläufig.*

*Kath Veurn gehört dem Volk der Steng an, einer ethnischen Minderheit im Land der Khmer. In Waldlichtungen bauen die Steng Reis und Cassava an. Bargeld verdienen sie durch den Verkauf von Waldfrüchten, Honig und Brennholz. Unter ihren Stelzenhäusern suhlen sich fette Schweine, die früher oder später ebenso im Kochtopf landen wie die Hühner oder die Aale aus dem Fluss.*

*»Den Leuten, die mein Land wegnahmen, habe ich gesagt, dass wir sterben werden. Keine Sorge, haben sie geantwortet, es gibt genug Arbeit in der Company.«*

*Die »Company« – gemeint ist die vietnamesisch-kambodschanische Firma C.I.V. Development Company – rückte eines Morgens im Mai 2008 mit Bulldozern an und rodete den Wald, der die Lebensgrundlage der Steng-Gemeinschaften bildete. Gummiplantagen sollen hier entstehen – bei den steigenden Kautschukpreisen eine lohnende Investition.*

93

*Saren Keth ist der Sprecher der Steng-Gemeinschaft. Als Forstbeauftragter hat er eine Ausbildung genossen. Er kennt die fortschrittlichen Landgesetze Kambodschas, die in den 90er-Jahren erlassen wurden und ethnischen Minderheiten besonderen Schutz einräumen. Keth sagt: »Die Behörden haben die Konzession illegal vergeben. Sie haben die gesetzlich vorgeschriebenen Schritte nicht eingehalten, daher sagen wir, dass sie es uns gestohlen haben.«*

*Saren Keth organisierte gewaltlosen Widerstand, die Rodungsarbeiten wurden einstweilen eingestellt. Doch die Company hat die gerodeten Flächen inzwischen bepflanzt und Tausende Setzlinge zeigen, dass ihr Landhunger längst noch nicht gestillt ist.*

*Im Gegensatz zu den meisten Dorfbewohnern, die Angst haben, etwas gegen die Behörden zu unternehmen, bietet Saren Keth der mächtigen Elite aus Politik, hoher Beamtenschaft, aus Militär und Big Business die Stirn. Diese Elite ist dabei, alle Ressourcen*

*Zerstörtes Bauernhaus in Kambodscha: »Heute ist es gefährlicher als unter Pol Pot. Damals haben sie die umgebracht, die gegen die Regeln verstießen, heute bringen sie uns alle um, indem sie unser Ackerland rauben.«*

Kambodschas zu Geld zu machen. Saren Keth stört. »Als An-
führer bin ich in den Augen der Regierung der gefährlichste Geg-
ner. Die Behörden haben mich wegen Aufwiegelung angeklagt«,
erzählt er.

Die »Company« versuchte auf andere Weise, Saren Keth zum
Aufhören zu bewegen. »Zuerst haben sie mir 10.000 US-Dollar
angeboten, später 20.000. Dabei bin ich nur ein kleiner Mann,
der protestiert. Man kann sich vorstellen, wie viel der Provinzgou-
verneur eingesteckt hat. Ich habe das Geld nicht genommen. Es
hätte mir nichts genützt. Unser Protest wäre zu Ende gewesen
und unser ganzes Dorf verschwunden. In der Stadt hat einmal ein
hoher Beamter zu uns gesagt, ›Kambodscha ändert sich sehr
schnell. Die Menschen hier kaufen sich heute ein Auto für 120.000
Dollar und bezahlen es bar. Selbst im reichen Amerika kaufen die
meisten Menschen sich so ein Auto auf Raten.‹ Als er das sagte,
waren wir schockiert und sehr traurig. Sie verachten uns arme
Leute, dabei kommen sie zu ihrem Reichtum, indem sie unser

Dreharbeiten an der vietnamesischen Grenze: »Wir folgen den Menschen, die
nun eigentlich zu Hause angekommen sind. Ein Zuhause freilich, das vor vier
Wochen komplett zerstört wurde.«

*Land verkaufen. Wir wissen, wie viel sie offiziell verdienen. Von ihrem Gehalt könnten sie sich so ein Auto nie leisten.«*

*Mit den Wäldern wird auch die Kultur der Steng verschwinden. Sie glauben, dass die Geister, die sie vor Unheil schützen, in den Bäumen leben.*

*Saren Keth hat den Schutz vor Unheil gerade jetzt bitter nötig. In der Provinz Battambang gab es einen Mann wie ihn. Pitsch Sopon hatte den Protest der Dorfbewohner gegen den illegalen Landraub durch ein südkoreanisches Unternehmen angeführt. Am 26. April 2010 wurde er von vier Unbekannten erschossen.*

Das Auto bleibt stehen, ich blicke auf. Wir sind in Kratie angekommen, der Provinzhauptstadt. Die Mönche verhandeln mit einigen Männern, offenbar Beamte des Provinzgouverneurs. Schließlich dürfen wir weiterfahren. Wir verlassen die Straße, einige Kilometer geht es auf Staubstraßen durch eine riesige Plantage, dann sind Waldreste zu sehen.

Dann ein Schlagbaum. Männer mit verschlossen wirkenden Mienen sagen uns, es gäbe hier kein Durchkommen.

Wieder Telefonate, schließlich fahren wir weiter. Rechts die Gummiplantage, links ein Wald, der immer schütterer wird.

Das Auto mit den von hier Vertriebenen biegt in einen kaum sichtbaren Weg ein, dann wird das Gestrüpp zu dicht – alle steigen aus, Aufregung ist spürbar.

Wir folgen den Menschen, die nun eigentlich zu Hause angekommen sind. Ein Zuhause freilich, das vor vier Wochen komplett zerstört wurde – überall verkohlte Bretterreste, verbogenes Wellblech von den Dächern, umgerissene Bäume.

»Hier sind sie mit dem Bagger reingefahren« – die Frau zeigt auf einen Bretterhaufen, der ihr Haus gewesen ist. »Dann haben sie alles mit Benzin übergossen und angezündet.«

»Wir haben gar nichts mitnehmen dürfen«, erzählt eine andere Frau 50 Meter weiter auf einem verkohlten Platz und hält einen verrußten Kochtopf in die Luft. »Nicht einmal den durfte ich mitnehmen.« Ihr Mann bückt sich, hebt eine Gurke auf und

*Vertriebene mit Kindern bei Kratie: »Das ist der Eeweis, dass wir rechtmäßig hier waren, ich dachte, wir bräuchten nur zu Gericht zu gehen, um alles wiederzubekommen.«*

zeigt auf die Stauden ringsherum: »Das war unser Leben, wir haben genug Gemüse gehabt, um auch noch etwas davon zu verkaufen.«

Hundert Meter weiter sitzt eine Frau mit ihren Kindern und weint. In der Hand hält sie ein Stück Papier. »Das ist der Beweis, dass wir rechtmäßig hier waren, ich dachte, wir bräuchten nur zu Gericht zu gehen, um alles wiederzubekommen«, sagt sie schluchzend, »aber jetzt ist alles kaputt. Meine Mangobäume, das Gemüse, wir haben gar nichts mehr.«

# Bitterer Zucker

Am nächsten Tag machen wir uns auf den Weg in den Südwesten des Landes. Die Rückfahrt von Kratie nach Pnomh Penh hat bis spät in die Nacht gedauert, die meisten Teammitglieder im Kleinbus dösen oder schlafen.

Die Straßen etwas außerhalb des Zentrums der Zweimillionenstadt wirken fast ländlich, viele Marktstände und natürlich viele Motorräder mit enormen Anhängern. Schon einige Kilometer weiter Spuren des alten Kambodscha: Von Lotusblüten bedeckte Teiche, Menschen auf kleinen Feldern, viel Grün, an der Straße wird Gemüse verkauft. Dann wieder Plantagen.

20 Prozent der ländlichen Haushalte haben heute gar kein Land mehr, und bei zwei Dritteln der Bauernfamilien reicht das eigene Land nicht zum Überleben, hat eine aktuelle Analyse von FIAN ergeben. 2,2 der 14 Millionen Khmer leiden an Mangelernährung – und das in diesem fruchtbaren tropischen Land mit bis zu drei Ernten im Jahr. »Um Hunger zu bekämpfen, wären daher Maßnahmen notwendig, die den Zugang zu Land und anderen Ressourcen für diese Gruppen verbessern«, schreiben die Experten von FIAN. »Die vorherrschenden Maßnahmen der Regierung und internationale Handelspolitiken hingegen verringern den Spielraum für solche Maßnahmen und verschärfen das Problem der Landlosigkeit weiter.«[70]

Luon Sovath fährt heute mit uns in die Provinz Kampong Speu, um uns die Folgen europäischer Politik auf das Bauernvolk zu zeigen. Bis 2008, erzählt er uns, gab es in Kambodscha überhaupt keine Zuckerrohrplantagen. Dann verfügte der Handelskommissar der Europäischen Union, dass das Programm »Everything but Arms« auch für Zucker aus Kambodscha gilt.

Eigentlich soll dieses Programm den ärmsten Ländern der Welt die Entwicklung erleichtern, indem Handelsschranken für Produkte aus den Entwicklungsländern nach Europa abgebaut werden. »Trade instead of aid.« Aber hier hat dieser Schritt der EU eine Tragödie ausgelöst.

Unternehmer aus dem Umfeld der kambodschanischen Regierung und deren Partner aus anderen Ländern erkannten die Chance: Im regenreichen Südwesten gibt es ideale Bedingungen für Zuckerrohrpflanzungen, und der zollfreie Export nach Europa garantiert satte Gewinne. Dazu kam noch, dass es in der EU einen garantierten Mindestpreis für Zucker gibt, der über dem Weltmarktpreis liegt. 2012 lag er beispielsweise um 175 Euro pro Tonne darüber.

Wir durchqueren eine Ebene. Ringsherum Zuckerrohr. »Hier haben etwa tausend Familien gelebt«, erzählt Sovath, »sie wurden vertrieben, um Platz zu schaffen für all das – Zucker, den hier niemand braucht. Die Plantage und die Firma Phnom Penh Sugar gehören Ly Yong Phat – einem der größten Landräuber in Kambodscha.«[71]

*Luon Sovath bei Vertriebenen in Kampong Speu mit Kameramann Wolfgang Thaler: »Seit die Europäische Union Zuckerimporte aus Kambodscha subventioniert, werden hier Menschen für Zucker vertrieben.«*

*Zuckerlager von Pnomh Penh Sugar: 15.000 Tonnen warten auf den Export nach Europa.*

Über diesen Mann habe ich einiges recherchiert: Senator Ly Yong Phat ist eine der schillernden Figuren, die in den letzten Jahren Kambodscha unter sich aufgeteilt haben. Begonnen hat er seine Karriere mit Glücksspiel, inzwischen umfasst sein Investment-Portfolio Casinos und Hotels an der Küste um Koh Kong, auch Naturparks und vor allem Ländereien für Plantagen. »Der Unternehmer betreibt den Südwesten Kambodschas wie sein Eigentum«, titelte die »Bangkok Post« über den Magnaten.[72] Er sponsert eine eigene Einheit der Armee – das Batallion 313 hört angeblich auf seinen Befehl – und plant nun auch gemeinsam mit französischen und thailändischen Partnern einen eigenen TV-Kanal.[73]

Im Februar 2010 vergab die Regierung »im öffentlichen Interesse« zwei Landkonzessionen an Ly Yong Phats Firma Phnom Penh Sugar. Laufzeit: 99 Jahre.

Wenig später rückten Mitarbeiter der Firma und Soldaten des Battalions 313 aus, um das Land zu übernehmen. Sie nahmen Bulldozer, Benzinkanister und Gewehre mit.

100

Die Mitarbeiter von FIAN haben minutiös zusammengetragen, mit welchen Methoden der Boden geraubt wurde: »DorfbewohnerInnen, die des Lesens nicht mächtig waren, wurden genötigt, Dokumente mit ihrem Daumenabdruck zu unterzeichnen. Ihnen wurde vom Gemeindevorsteher erzählt, dass es darum gehe, eine Straße zu bauen, ihre Landrechte zu kartieren oder dass es sich sogar um eine Petition gegen das Zuckerkonzernprojekt handele. Dabei waren es Dokumente, die die Übergabe ihres Landes besiegelten. Andere wurden bedroht und dazu gezwungen, ›Kompensationsangebote‹ anzunehmen, die ihnen von den Behörden im Auftrag der Unternehmen vorgesetzt wurden – einige erhielten nicht einmal das versprochene Geld. Ein Dorf, Pis, wurde komplett zerstört. Ohne vorherige Ankündigung und ohne richterliche Anordnung erfuhren die Anwohner von den Zuckerkonzessionen in dem Moment, als die Bulldozer des Unternehmens und ungefähr 30 mit Gewehren und Schlagstöcken bewaffnete Soldaten im Februar 2010 anrückten, um ihr Land zu räumen und ihre Häuser zu zerstören.«[74]

Wir haben über Monate versucht, mit Pnom Penh Sugar Kontakt aufzunehmen. Zuerst gab es keine Reaktionen, aber dann kontaktierte uns der Pressereferent des Konzernes, nach einigem Hin und Her gab es einen Termin.

Die Zuckerraffinerie steht mitten in der Plantage. Die Wachen lassen uns rasch ein, vor dem Direktionsgebäude taucht bald ein großer Mann auf, der Pressemann, ein Südafrikaner, der wirkt, als hätte er hier als Kriegsreporter begonnen. Dann erscheint Seng Nhak, Direktor von Phnom Penh Sugar und Schwiegersohn von Senator Ly Yong Phat. Sein Habitus und sein Äußeres ließen sich am ehesten als unangenehme Mischung von Glätte und Verschlagenheit bezeichnen. Er führt uns durch die Fabrik und erklärt uns die verschiedenen Produkte von der Melasse über Rohzucker bis zum weißen Zucker. Es sei keineswegs das EU-Programm gewesen, das seinen Schwiegervater bewogen habe, hier ins Zuckergeschäft einzusteigen, bemüht er sich zu erklären. Es ginge um die

Selbstversorgung von Kambodscha. Und selbstverständlich sei das Land legal erworben worden.

Er setzt fort: »Die Gegend hier war früher sehr arm. Die Landwirtschaft war nicht entwickelt. Deshalb wollten wir eine Feldfrucht hierher bringen, mit der die Menschen hier wirtschaftliche Erfolge erzielen können.«

Die Anlage ist beeindruckend groß. Jeden Tag wird hier Zuckerrohr zermanscht, gekocht und die Melasse anschließend raffiniert. 15.000 Tonnen Zucker können in den riesigen Hallen gelagert werden. Der Direktor wird allmählich gesprächiger und erzählt nun von den tatsächlichen Entscheidungsgründen für die Auswahl des Standortes: »Wir untersuchten die Niederschlagsmenge in dieser Region. Sie beträgt ca. 1.300 mm/Jahr. Das ist ideal für Zuckerrohrplantagen. Deshalb hat unser Vorsitzender beschlossen, hier eine Zuckerfabrik zu errichten.«[75]

Wir verlassen schweigend die Fabrik und treffen Luon Sovath wieder. Gemeinsam verlassen wir das Gelände der Plantage. Einige Kilometer weiter haben die meisten Vertriebenen eine Bleibe gefunden, erzählt der Mönch.

Wir sind bei einer kleinen Ansiedlung angekommen. Es ist deutlich zu sehen: Die Hütten stehen ganz eng beisammen, es gibt nur ein paar Quadratmeter Land für Gemüse. Luon Sovath geht die staubige Straße entlang. Auf Pfählen stehen neben der Straße kleine Hütten, notdürftig aus Bambus und Holz gefertigt. Er besucht die Menschen, die unter den Hütten sitzen.

Vor einem Holzhaus auf Stelzen sitzt eine zahnlose alte Frau, die 85-jährige Yiey Loeum. Der Mönch geht auf sie zu und fragt sie, wie es ihr gehe. »Es ist schwierig, sie haben mein ganzes Reisfeld genommen«, erzählt sie. »Seit Generationen war das unser Land. Ich bin dort schon vor meiner Hochzeit hingekommen und jetzt haben wir kaum noch genug zu essen.«[76]

Die Familie nebenan erzählt die gleiche Geschichte. Der Mann und der 14-jährige Sohn verdingen sich jetzt als Plantagenarbeiter – für 2,50 Euro am Tag.

Wir besuchen noch weitere Familien – ruhig erzählen die Menschen ihre Schicksale, obwohl das Elend greifbar ist, das die Landräuber verursacht haben. »Sie haben alles verbrannt, sogar den Reis auf den Feldern. Sie haben uns nicht erlaubt, vorher zu ernten. Sie sagten, sie wollten Zuckerrohr anbauen. Sie haben unsere Häuser zerstört, damit sie Zuckerrohr anbauen können«, erzählt Yoeung Kheung.

# Politik gestaltet Raubzüge

Die Frau kehrt den Vorraum ihres Stelzenhauses – der Staub wirbelt durch die Sonnenstrahlen. Sie holt eine Machete und hackt am Rand des Grundstücks eine junge Palme ab. Mit einer Art Krauthobel hobelt sie den Palmstrunk in eine Schüssel, dann kocht sie diese Palmschnitzel.

Yoeung Kheungs Mann hält sich im Hintergrund, eine Tochter hilft der Mutter. Das zweitjüngste Kind spielt mit dem jüngsten. Abwechselnd treiben sie mit einem Stück Draht eine alte Fahrradfelge vor sich her.

»Seit sie uns unser Land geraubt haben, haben wir keinen Reis mehr. Zum Glück schickt unsere älteste Tochter Heng ab und zu etwas Geld. Sie arbeitet als Kellnerin in Phnom Penh.«

»Ich habe als Jugendliche die Schreckensherrschaft der Roten Khmer überlebt. Dann haben mein Mann und ich uns hier angesiedelt. Wir haben hier Hunderte Mango- und Cashew-Bäume gepflanzt. Wir hatten alles. Unseren eigenen Reis und Gemüse. Wir verkauften Mangos, Cashews und Melonen. Ich hatte 22 Kühe und Hühner und ein eigenes Haus. Von früh bis spät haben wir gearbeitet. Aber es hat mir nichts ausgemacht.«

Es hat viel mit uns zu tun, was heute in Kambodscha passiert. 2009 hat die EU den Zuckerhandel mit den ärmsten Ländern der Welt liberalisiert, um ihre wirtschaftliche Entwicklung zu fördern. Durch das Abkommen mit dem Namen »Everything but Arms« räumt die EU Ländern wie Kambodscha privilegierte Handelsmöglichkeiten ein. Kambodscha darf deshalb zollfrei und ohne Mengenbeschränkung Zucker nach Europa liefern und erzielt hier dreifach höhere Preise als auf dem Weltmarkt.

Das hat enorme Auswirkungen.

Noch 2008 wurde in Kambodscha überhaupt kein Zuckerrohr angebaut. Heute umfassen die Zuckerrohrplantagen schon
eine Fläche von mehr als 100.000 Hektar und es wird immer
mehr.

2011 und 2012 hat Kambodscha für etwa zehn Millionen
Euro Zucker in die EU geliefert, 2013 war es bereits Zucker im
Wert von 50 Millionen Euro.

Für den Zuckeranbau wurden mehr als 12.000 Menschen
von ihrem Land vertrieben.

Und auch die Finanzierung der Zuckerimperien erfolgte mit
Kapital aus den Industriestaaten. Jüngst wurde aufgedeckt, dass
die australische ANZ, die drittgrößte Bank Australiens, Phnom
Penh Sugar finanziert hat. ANZ hat die »Equator Principles« unterzeichnet, einen globalen ethischen Bankenkodex, und wurde
vom »Dow Jones Sustainability Index« mit dem Nachhaltig-
keitspreis ausgezeichnet.[77]

*Vertriebene durch Phnom Penh Sugar: Trotz Berichten über Menschenrechtsver-
letzungen hat die EU-Kommission die spezielle Förderung der Zuckerimporte
aus Kambodscha nicht eingestellt.*

»Die EU sollte den Handelsvertrag stoppen, der Kambodscha den zollfreien Export von Zucker ermöglicht, denn er ist mit der gewaltsamen Vertreibung von armen Familien verbunden. Wir brauchen diesen Vertrag nicht«, sagt Luon Sovath.

Was wurde in der EU unternommen, um den räuberischen Handel zu unterbinden? Ein Besuch in Brüssel soll Klarheit schaffen. Ins Europäische Parlament zu gelangen ist für Medienvertreter nicht immer leicht. Eine Mitarbeiterin von Martin Häusling versucht uns zu helfen. Nach einigen Irrwegen schaffen wir es durch einen Checkpoint auf der Ostseite.

Martin Häusling ist als EU-Abgeordneter der deutschen Grünen seit Jahren ein engagierter Kämpfer für vernünftige Landwirtschaft und internationale Beziehungen, die nicht den Armen in der Dritten Welt auch noch das Essen vom Teller rauben.

»Das Europäische Parlament hat im Jahr 2012 explizit zu Kambodscha eine Resolution verabschiedet, dass die Kommission aufgrund der Menschenrechtsverletzung dieses Handelsabkommen aussetzen soll«, erzählt er. »Aber das wurde nicht gemacht, sondern man hat den Versprechen der kambodschanischen Regierung geglaubt, dass jetzt alles gestoppt sei, dass man die Praxis der Landvertreibung ändert.«

Daraufhin hat der Handelskommissar der EU – damals noch Karel De Gucht – gesagt, alles sei in Ordnung. Es sei auf einem guten Weg.

Häusling sieht das anders: »Nichts ist auf einem guten Weg, man muss eindeutig sagen, da haben sich jetzt so viele Konzerne sehr gut ein eigenes Geschäft angeeignet. Das Ganze läuft ja auch unter Beteiligung europäischer Konzerne, auch Zuckerkonzerne, die da involviert sind. Und die lassen sich ihr Geschäftsmodell jetzt nicht kaputtmachen.«[78]

Noch im März 2014 hat Karel De Gucht betont, dass die EU nicht plane, den Vorwurf von Land Grabbing in Kambodscha als Folge von »Everything but Arms« zu untersuchen. »Falls eine strukturbedingte Verletzung von Menschenrechten vorliegt, müssen wir eine Untersuchung starten. [...] Andererseits sind wir aber nicht der Meinung, dass eine solche im Fall von Zuckerrohr vorliegt.«[79]

Während das Europäische Parlament immer wieder Initiativen unternimmt, um der bäuerlichen Landwirtschaft und fairen Besitzverhältnissen eine Chance zu geben, blockiert die Europäische Kommission mit ihrer neoliberalen Fixierung auf »Freihandel« meist alle Initiativen.

Ich bin mit Manfred Häusling der Meinung, dass offene und sogar privilegierte Marktzugänge für Konzerne, die im Verband mit korrupten Regierungen ihre Geschäfte auf der Basis von Landraub machen, mit freiem Handel nichts zu tun haben.

# »Sie werden lächeln,
# wann immer Sie zur Bank gehen.«

Der Flug von Kambodscha nach Malaysia dauert nur etwas mehr als eine Stunde und ist dennoch eine Reise in eine andere Welt. Keine Mopedkaskaden und Tuk-Tuks mehr, die sich in einem wirren und dennoch ruhigen Strom durch die Straßen und Gassen winden, keine adretten Häuser im Kolonialstil mehr. Stattdessen achtspurige Autobahnen mit modernen und teuren Autos, Hochhäuser und moderne Flachbauten. Alles wirkt wohlhabend bis reich.

Die Rasanz der wirtschaftlichen Entwicklung Malaysias ist beeindruckend. Noch vor fünf Jahrzehnten lebte das Land von Rohgummi und Zinn, mehr als die Hälfte der Bevölkerung war bitterarm. Dann wurden die neu entdeckten Erdölfelder nationalisiert, der 1974 gegründete Staatskonzern Petronas gehört inzwischen zu den 500 größten Unternehmen der Welt und hat mehr als hundert Tochtergesellschaften in 31 Ländern. Gleichzeitig wurde die Palmölindustrie massiv ausgebaut.

Als wir mit dem Hubschrauber in Kuala Lumpur starten, um eine Palmölplantage mit ihren geometrischen Strukturen zu filmen, hatte ich noch die Vorstellung, eine halbe Stunde zurücklegen zu müssen, bis die Palmen sichtbar würden. Doch kaum hatten wir die Stadtgrenze passiert, gab es nichts als Palmen – alle 500 Meter eine Querstraße, alle 1,5 Kilometer eine Straße längs, Wipfel an Wipfel, exakt geometrisch geordnet. Die gesuchte Plantage konnten wir nur mit GPS von den anderen unterscheiden. Erst hinter der Plantage gab es ein kleines Waldstück mit Bäumen, wie sie die Natur in die Gegend setzt. Dann wieder Ölpalmen mit ihrem dunklen Grün, bis an den Horizont und weit dahinter.

Rund 30 Prozent der 18 Millionen Hektar, auf denen weltweit Palmöl angebaut wird, befinden sich in Malaysia, erzählt mir tags darauf Suriya Moorthy, der sich als Senior Executive Director des Beratungsunternehmens Værsa Partners Ltd. vorgestellt hat.

Bisher kenne ich die Werbesprüche der deutschen Firma Agrofinanz: »Das sichere Palmölinvestment bietet Ihnen ab 7.500 Euro eine feste Rendite von neun Prozent pro Jahr. Die quartalsweise nachschüssige Auszahlung der Rendite bietet Ihnen ein weiteres passives Einkommen. Wir selektieren die Anbauflächen und entwickeln diese zu produktiven Palmölplantagen.«[80]

Vom erfahrenen Berater der großen Player in der Palmölindustrie erhoffe ich nun präzisere Angaben über die Ertragschancen. Und ich werde nicht enttäuscht: Suriya Moorthy weiß, wovon er spricht. Seit mehr als 40 Jahren ist der studierte Agronom im Palmölbusiness tätig. Jahrzehntelang war er direkt für das Management von Plantagen zuständig, später im Controlling,

*Palmölplantage in Malaysia: Die weltweite Nachfrage nach dem praktischen Industriefett verdoppelt sich alle zehn Jahre, Malaysia sieht aus der Luft aus wie eine einzige Plantage.*

er hat Palmölplantagen im Kongo und in Neuguinea aufgebaut und stellt sein Know-how als Berater bei Værsa Partners Ltd. zur Verfügung.[81] Wir treffen ihn in der Sky Bar des Traders Hotel mitten im Zentrum von Kuala Lumpur. Während sich gleich daneben Hotelgäste im Swimmingpool mit grandiosem Blick auf die Petronas Towers vergnügen, rechnet mir Suriya Moorthy vor, was ich erwarten könnte, wenn ich in Palmöl investieren würde.

Wir hatten Værsa als weltweit im Agrarinvestment tätiges Unternehmen identifiziert und mit der leicht verklausulierten Formulierung angesprochen, wir suchten für einen Wirtschaftsfilm kompetente Gesprächspartner über die Sinnhaftigkeit von nachhaltiger Palmölproduktion. Der PR-Manager hat uns zunächst abgewimmelt, dann doch in der Zentrale nachgefragt und dann konnten wir kurzfristig den aus einer indischen Familie stammenden Senior Manager treffen. Moorthy strahlt die gelassene Ruhe eines Menschen aus, der sich seines Einflusses bewusst ist, und ist nach einer kurzen Erkundung unserer Absichten zum Gespräch bereit.

Ich erkläre ihm, dass ich den Zusehern meines Filmes das Potenzial eines Investments in Palmöl näherbringen möchte, und frage: »Gesetzt den Fall, ich suche für eine Million Euro eine sinnvolle Veranlagung – warum soll ich dann in Palmöl investieren und nicht in andere Rohstoffe?«[82] Moorthy lächelt kurz und beginnt ein kleines Rechenmodell zu entwickeln. Schon 2015 werde der Bedarf an Palmöl in den Industriestaaten 19 Millionen Tonnen betragen, aber es können mit den vorhandenen Flächen nur 15 Millionen Tonnen produziert werden. »Die Knappheit macht aus Palmöl ein gutes Investment«, erklärt Moorthy, »die Preise werden steigen, und nach den Prognosen wird sich der Palmölverbrauch in den nächsten zehn Jahren genauso verdoppeln, wie er es im vergangenen Jahrzehnt tat.«

Die Produktionskosten dagegen wären stabil und ich könnte mit 15 Prozent Gewinn pro Jahr rechnen. »Und das gilt für die kommenden 25 Jahre.«

Besser wäre es freilich, wenn ich 100 Millionen zu investieren hätte, erklärt mir der Plantagenberater. Denn dann würde es sich lohnen, selbst eine Plantage mit 10.000 Hektar zu kaufen. Er und seine Kollegen wären da schon oft als Berater tätig gewesen. »Es gibt heute Hybrid-Saatgut für Palmen, die schon nach 24 Monaten abgeerntet werden können«, beginnt Moorthy seine Kurzberatung für den frischgebackenen Investor. Schon in sechs bis sieben Jahren hätte ich so mein Investment refinanziert, und dann könne ich mit an die 40 Millionen pro Jahr rechnen, jedes Jahr, für 20 Jahre.

30 Tonnen Palmfrüchte werden jährlich auf einem Hektar geerntet, etwa 25 Prozent davon verlassen die Palmölpressen als Öl und können auf die Reise nach Europa geschickt werden. Das macht bei »meiner« Plantage rund 75.000 Tonnen Öl pro Jahr, die ich für je 850 Dollar verkaufen könne. Moorthys Gesicht wird durch Lächeln breiter, während er sein Rechenbeispiel fortsetzt: »Sie ernten also 75.000 Tonnen Öl mit einer Gewinnspanne

*Agrarinvest-Berater Suriya Moorthy in Kuala Lumpur: »Schon in sechs bis sieben Jahren haben Sie Ihr Investment refinanziert, und dann können Sie mit etwa 40 Millionen Gewinn pro Jahr rechnen, jedes Jahr, für 20 Jahre.«*

von 50 Prozent, also 425 Dollar. Jetzt das mal 75.000. Grob gesprochen verdienen Sie jedes Jahr 38 bis 40 Millionen Dollar. Jedes Jahr! Ich finde, das ist sehr gut. Je nachdem, wie die Steuern strukturiert sind, bezahlt man davon etwas Steuer an das jeweilige Land. Und diesen Gewinn hat man jedes Jahr!«

Die Rechnung fuße auf dem derzeitigen Preis von 850 Dollar pro Tonne, doch der sei schon bei 1.200 gelegen, und selbst wenn er, was extrem unwahrscheinlich sei, auf 700 Dollar fiele, würde das nur die enorme Gewinnspanne ein wenig reduzieren.

Freilich müsste er dafür sorgen, dass alle Nachhaltigkeitskriterien des Roundtable on Sustainable Palm Oil (RSPO) eingehalten werden und kein Primär-Regenwald geschlägert wurde. Nur so seien die Absatzchancen optimal. »Aber das ist keine Schwierigkeit. Sie werden lächeln, wann immer Sie Ihre Bank besuchen«, verspricht er mir und sein Lächeln dabei ist einladend breit.

Das Gespräch in Kuala Lumpur fand im Juni 2014 statt, seitdem ist der Preis für Palmöl auf 650 Dollar gesunken.[83] Außerdem hat sich Herr Moorthy beim Kopfrechnen während des Gesprächs etwas verrechnet. Aber immerhin: 75.000 Tonnen zu 650 Dollar ergeben auch noch einen Erlös von 48.750.000 Dollar. Je nachdem, wie kosteneffizient die Plantage betrieben wird, kann der jährliche Gewinn aus dieser einen Plantage mit 10.000 Hektar daher bei 20 bis 25 Millionen Dollar liegen.[84]

Diese Rechnung erklärt, warum der Run auf die Gebiete nahe dem Äquator so stark ist. Palmöl ist ein abstrus profitables Geschäft. Und man findet es im Portfolio der meisten Anbieter von »alternativen Investments«. Pensionsfonds und private Anleger machen meist einen guten Deal, wenn sie in Palmölerzeuger investieren.

Den Preis dafür bezahlen zunächst die Kleinbauern und Naturvölker der Region, und dann auch wir alle in Form von Verlust von $CO_2$-Speichern, Artenvielfalt, Verlust von Lebensraum für bedrohte Tiere. Felix zu Löwenstein meint dazu: »Wenn wir dazu kommen würden, dass wir tatsächlich für Palmöl den Preis zahlen würden, der den Kosten entspricht, die bei seiner Produktion entstehen, also zum Beispiel, wenn ein Urwald abgeholzt wird, damit eine Palmölplantage entsteht, und man müsste die Folgen des Klimawandels, der daraus resultiert, bezahlen, dann wäre Palmöl längst nicht mehr so interessant im Einsatz in unserer Lebensmittelindustrie und schon gar nicht als Energierohstoff. Und das würde die Sache bereits ausreichend steuern, davon bin ich überzeugt.«

# Fette Beute

Am nächsten Tag geht es weiter nach Indonesien. Auch nach dem Start der Maschine in Kuala Lumpur wieder das geometrische Bild: Ölpalmen in Reih und Glied, fast bis zum Horizont. Dann kommt das Meer und in der Ferne zieht Singapur vorbei.

Neben den Rohstoffen haben die Palmölplantagen die Oberschicht in Malaysia reich gemacht. Die Briten haben als Kolonialherren die Ölpalmen gebracht und die Plantagen mit indischen Arbeitern betrieben. Heute sind viele Inder zu Plantagenmanagern aufgestiegen, die Schwerarbeit erledigen junge Männer aus Myanmar.

*Palmölfrucht: Zehnmal ertragreicher als Soja und sechsmal so ertragreich wie Raps.*

Malaysia ist zu einer einzigen Plantage geworden, nur noch im Teil Borneos, der zu Malaysia gehört, gibt es Regenwälder. Die werden gerade in großem Stil gerodet, aber dort Drehgenehmigungen zu bekommen, hat sich als kaum möglich erwiesen. Deshalb haben wir uns für Indonesien entschieden, für Sumatra erhielten wir nach einer wochenlangen Prozedur eine Drehgenehmigung und können uns einigermaßen frei bewegen.

Die Palmölkonzerne haben keine klingenden Namen, aber die Dimensionen sind beachtlich. Sime Darby etwa pflanzt und erntet auf kaum vorstellbaren 850.000 Hektar Ölpalmen. Wenn die Zahlen, die Herr Moorthy mir vorgerechnet hat, einigermaßen stimmen, bringt das drei, vier Milliarden Jahresgewinn. Felda Global Ventures betreibt auf 450.000 Hektar Palmölplantagen, mischt aber weltweit auch im Sojageschäft mit und betreibt Raffinerien in Europa, den USA und in Südafrika. Wilmar war mir schon bekannt, weil vor den Raffinerien des Konzerns in Brake bei Bremen Demonstrationen gegen den Landraub stattgefunden haben. Zu den Großaktionären von Wilmar gehören skandinavische Pensionsfonds ebenso wie die Deutsche Bank, aber auch J.P. Morgan und die britische HSBC mischen mit und partizipieren so am Palmölboom.[85]

Den indonesischen Konzern Bumitama Gunajaya Agro (BGA) kannte ich bis dahin nicht. Hauptanteilseigner von BGA ist die IOI-Gruppe aus Singapur, die in Rotterdam die große Palmölraffinerie Loders Crocklaan für den europäischen Markt betreibt.

Alle Konzerne erweitern ihre Plantagen in enormem Tempo, weil die Nachfrage nach Palmöl in Europa ebenso steigt wie in Indien und China. Platz für neue Plantagen ist nur dort, wo heute noch die letzten Regenwälder stehen. Wie eine im Magazin »Nature« veröffentlichte Studie zeigt, wurden in Indonesien allein im Jahr 2012 840.000 Hektar Regenwald gerodet.[86] Die Provinz Riau auf der Insel Sumatra verlor in den letzten 25 Jahren zwei Drittel ihrer Waldfläche. In erster Linie wurden Palmölplantagen angelegt.[87] Selbst in Schutzgebieten ging die Entwaldung weiter.

*Gerodetes Hügelland für Ölpalm-Anpflanzungen mit Kamerateam: Jede Stunde wird Regenwald in der Größe von 300 Fußballfeldern gerodet, um Platz für neue Ölpalmen zu schaffen.*

Auch in Kalimantan, dem indonesischen Teil der Insel Borneo, und auf dem indonesischen Teil von Papua wurden illegal Plantagen angelegt, zum Teil wurden die Ländereien mit Gewalt geräumt.[88]

Aber hier geht es neben dem Schutz der Kleinbauern und damit der Lebensgrundlage der Menschen auch um den Schutz der Biodiversität. Der Sumatra-Tiger und beide Orang-Utan-Arten sind bedroht, besonders stark der Sumatra-Orang-Utan. In Kalimantan ist die Zerstörung ihres Lebensraums besonders massiv. Dort wurden zwischen 2009 und 2011 rund 141.000 Hektar bewaldete Orang-Utan-Habitate abgeholzt. Mehr als ein Drittel dieser Rodungen fand nachweislich in Lizenzgebieten von Palmöl-Konzessionshaltern statt.

# Palmöl heizt uns ein

Das hat auch massive Folgen für das Weltklima, betont Felix zu Löwenstein, »weil die Umwandlung von Wald in Produktionsfläche wie eine Palmölfläche zu Humusabbau führt und damit zur Freisetzung von $CO_2$«.

Um eine Plantage errichten zu können, wird zuerst der Urwald abgeholzt. Was vom Wald noch übrig bleibt, wird brandgerodet. Danach werden die kohlenstoffreichen Torfböden entwässert. Diese bestehen aus totem Pflanzenmaterial, das sich über Tausende von Jahren unter Sauerstoffabschluss gebildet hat. Die Moore speichern bis zu 6.000 Tonnen Kohlenstoff pro Hektar – 50-mal mehr als Wald ohne Torfboden. Durch die Entwässerung entweicht das $CO_2$ in die Atmosphäre. Dadurch ist Indonesien für knapp zehn Prozent der globalen Treibhausgasemissionen verantwortlich und steht hinter China und den USA an dritter Stelle der größten Klimasünder. Die Abholzung des Regenwaldes verursacht bereits mehr klimaschädliche Treibhausgase als der gesamte Automobil- und Flugverkehr zusammen.

Schätzungen der Weltbank zufolge stehen 70 Prozent der Plantagen auf zuvor bewaldeten Flächen, 25 Prozent sogar auf früheren Torfflächen.

In den letzten Jahren waren mindestens ein Drittel der neu angelegten Plantagen vorher Torfflächen, in der Provinz Riau auf Sumatra sogar bis zu 80 Prozent. Lediglich ein Drittel der Unternehmen nutzt Land, das zuvor anders kultiviert wurde oder brachlag. Dennoch hält die indonesische Regierung eine Erweiterung der Plantagen um eine Fläche von bis zu 24 Millionen Hektar für möglich.[89]

*Palmölplantagen: Die Freisetzung von CO$_2$ durch Regenwald-Rodungen hat Indonesien zum drittgrößten Produzenten von Treibhausgasen gemacht.*

Gemäß den offiziellen Landkarten, die das Forstministerium Greenpeace 2013 zur Verfügung stellte, verlor Indonesien zwischen 2009 und 2011 mindestens 1.240.000 Hektar Wald – 620.000 Hektar pro Jahr.[90]

Zum Vergleich: Die gesamte Waldfläche Österreichs beträgt vier Millionen Hektar, etwa die Hälfte des Bundesgebiets. Bei der Abholzung in diesem Tempo stünde in Österreich nach rund sieben Jahren kein einziger Baum mehr.

Sumatra ist riesengroß – etwa so groß wie Deutschland, Österreich und die Schweiz zusammen. Noch bis in die 1960er-Jahre war ein großer Teil der Insel Regenwald. 1965 putschte das Militär unter Führung von Haji Mohamed Suharto, bis 1998 regierte der Diktator über das Inselreich Indonesien. Nach der Machtergreifung beging die Armee einen der schlimmsten Massenmorde des 20. Jahrhunderts – sie selbst bezeichnete das Massaker als »Musim Parang«, was so viel bedeutet wie »Saison der Hackmesser«. Gleichzeitig betrieb die Regierung die Ansiedlung moslemischer Indonesier in den Provinzen und eine rücksichtslose wirtschaftliche Ausbeutung der reichen natürlichen Ressourcen. Suharto forcierte mithilfe der Großkonzerne, die ihn unterstützten, die Industrialisierung der Palmölproduktion. Der Staat vergab riesige Holz- und Ölpalmkonzessionen in den Regenwaldgebieten – die Katastrophe nahm ihren Lauf. Die aktuelle Regierung, formal durch Wahlen an die Macht gekommen, setzt diesen Weg fort.

Wichtigster Handelspartner Indonesiens unter Suharto waren die USA, und auch zu Deutschland baute der Diktator gute Beziehungen auf – mit dem damaligen Bundeskanzler Helmut Kohl entstand eine lebenslange Freundschaft. Dem Konzern Sinar Mas, der für die Zerstörung von Hunderttausenden Hektar Regenwald verantwortlich ist, hat die Regierung Kohl in den 1990er-Jahren Staatsgarantien gewährt.

Indonesien wurde um die Jahrtausendwende zum größten Palmölproduzenten der Welt.

Ein Blick aus dem Flugzeugfenster zeigt, dass wir schon über Sumatra sind. Wieder große Plantagen. Heute ist die Sicht gut, aber das ist nicht immer so. Im Sommer 2013 wüteten – so wie schon 2002 und 1998 – riesige Brände in Sumatras Provinz Riau. Die Feuer zerstörten Tausende Hektar Regenwald, darunter auch Wälder auf meterdicken Torfböden, der letzten Zuflucht der Tiger in der Provinz. In einer Rauchwolke, die bis nach Thailand reichte, setzten die Brände Rekordmengen an Treibhausgasen und Schadstoffen frei.

Der indonesischen Regierung zufolge werden 85 Prozent der Emissionen von Treibhausgasen durch Änderungen der Landnutzung verursacht – meist im Zusammenhang mit Rodungen für Plantagen oder Landwirtschaft. Etwa die Hälfte davon betrifft Torfflächen. Selbst in geschützten Gebieten wie dem weltberühmten Tesso Nilo Nationalpark haben illegale Machenschaften der Palmölindustrie den Lebensraum des Sumatra-Tigers praktisch zerstört. Sogar Regierungsangehörige räumen ein, dass der Schutz dieser Gebiete nur auf dem Papier besteht.

# Wir bringen ihnen bei, sich zu schämen

Indonesien: Mit 240 Millionen Einwohnern das viertgrößte Land
der Welt und der mit Abstand größte moslemisch dominierte
Staat. Wir sind im Süden Sumatras. Es beginnt gerade zu däm-
mern, als wir mit dem Pick-up von Cargill die Plantage erreichen
und die Schotterstraße entlangrumpeln. Links und rechts, überall
Palmen, geometrisch exakt gepflanzt, dazwischen brauner Boden,
ein eigenartig modriger Geruch macht sich bemerkbar, als ich das
Fenster öffne, um der beißend kalten Klimaanlage ein wenig zu
entgehen. Wir sind müde, haben die Mitarbeitersiedlung der
Plantage erst um zwei Uhr morgens nach einer fünfstündigen
Autofahrt erreicht und sind schon kurz nach vier Uhr früh vom
Pressesprecher des US-Konzerns geweckt worden. Eine spätere
Abfahrt zur Plantage sei unmöglich, hat der drahtige, kleine Mann
aus Singapur mich im Feldwebelton angebellt, als ich ihn bat, das
Team noch ein wenig ruhen zu lassen. Schließlich müssten wir den
Morgenappell erreichen, und die Plantage sei eine Autostunde
entfernt. Ich füge mich den Anordnungen, schließlich haben wir
Monate daran gearbeitet, vom texanischen Konzern als Kamerateam eingeladen zu werden. Unser Anliegen, dass wir endlich die
Wahrheit über nachhaltige Palmölproduktion erzählen wollen,
hat die Konzernherren schließlich überzeugt. Die Wahrheit zu
sagen und dennoch falsch verstanden zu werden hatte einmal
mehr geklappt, weil wir uns in der Diktion unserer Schreiben
genau im Rahmen des Wordings von Cargill gehalten haben.
   Die zwei Pick-ups erreichen eine Kreuzung, eine kleine Lich-
tung wird in der tropischen Morgendämmerung sichtbar, die
Sonne ist noch nicht aufgegangen. Knapp hundert Menschen in
unterschiedlichen Uniformen stehen in militärischer Haltung in

Reih und Glied am Straßenrand, auf der Straße stehen einige Menschen, zwei davon mit Mikrofon in der Hand. Ich kenne solche Szenen nur von militärischen Appellen. Prompt beginnt ein Mann eine Art Befehl ins Mikrofon zu bellen, und alle Angetretenen wiederholen in exaktem Sprechchor seine Worte. Nach einiger Zeit übernimmt eine Frau das Kommando, ihre Stimme ist kaum weniger barsch, Befehlsausgabe. Ich frage die zur Begleitung abgestellte junge Frau, eine Indonesierin aus Jakarta, was hier gesprochen wird, sie beginnt zu übersetzen:

»Ich schäme mich«, sagt sie, während die Arbeiter die Worte nachbellen,

»wenn ich die Regeln nicht einhalte und Fehler mache!

Wenn ich die Schutzkleidung nicht ordentlich trage!

Wenn ich den Regeln des Arbeitsablaufes nicht folge!

Wenn ich unpünktlich bin!

Wenn ich die vorgesehenen Ziele nicht erreiche!

Wenn ich bei der Arbeit faulenze!

Wenn ich meine Aufgaben nicht erledige!«

*Morgenappell auf der Cargill-Plantage: »Ich schäme mich, wenn ich unpünktlich bin! Wenn ich die vorgesehenen Ziele nicht erreiche! Wenn ich bei der Arbeit faulenze!«*

Wir glauben, unseren Augen und Ohren nicht zu trauen. Wie oft diese Appelle stattfinden? Jeden Tag, erzählt die Begleiterin, und es werde auch immer der gleiche Text gesprochen. Einige Kilometer weiter wird für eine andere Gruppe der Arbeiter das gleiche Ritual abgehalten.

Darauf folgen Gymnastikübungen, die per Lautsprecher angesagt werden. In der offenbar jahrelang einstudierten Choreografie bewegen sich die Köpfe nach links und rechts, die Arme rauf und runter.

Der Morgenappell dauert ca. 25 Minuten, dann machen sich die Arbeiter an die Arbeit. Einige steigen auf ihre Mopeds, andere in die Mannschaftswägen, die mit ihren vergitterten Fenstern an Gefangenentransporte erinnern. Gefangen sind die Arbeiter in monotoner Routine. Nur so lässt sich mit militärischer Präzision die Natur optimal ausbeuten.

Auf dem Auto steht »30 Orang«, »30 Menschen«, das erinnert irgendwie daran, dass der Orang-Utan, der »Wald-Mensch«, hier einst lebte. Die Anbauflächen von Ölpalmen werden wegen der enormen Nachfrage alle zehn Jahre verdoppelt.[91] Die Gesamtanbaufläche liegt derzeit nach Angaben der Vereinten Nationen bei 18 Millionen Hektar, das ist etwas mehr als die doppelte Fläche Österreichs,[92] davon liegen in Indonesien 9,5 Millionen Hektar und in Malaysia rund fünf Millionen Hektar. Der Rest entfällt auf Thailand, Kolumbien, Brasilien, Nigeria und andere westafrikanische Länder.

John Hartmann, der Chief Operating Officer von Cargill Tropical Palm, trägt ein Kakihemd und einen weißen Bauarbeiterhelm mit dem Cargill-Schriftzug. Den Morgenappell betrachtet er als Disziplinübung. Nur wenn die Arbeiter die Disziplin verinnerlicht haben, funktionierten Produktion, Ernte und Verarbeitung im nötigen Tempo. »Es ist für den Erfolg der Plantage unerlässlich, dass hier alle in der Lage sind, exakt das Gleiche millionenfach präzise zu wiederholen«, erklärt er. »Routine und Disziplin sind der Schlüssel dafür.« Die 42.000 Hektar ließen sich so von einer Truppe von 10.000 Mitarbeitern nach genormten Abläufen optimal nutzen. »Als Gegenleistung für die Disziplin sorgen wir auch dafür, dass die Kinder der Arbeiter die Schule besuchen können und dass sie ein Dach über dem Kopf haben.«[93] Die Arbeiter wohnen auf dem Plantagengelände in kleinen, weiß gestrichenen Häusern, alle exakt gleich. Ob sie da etwas verändern können, frage ich die Begleiterin. »Selbstverständlich nicht«, meint die mit Kopfschütteln.

Etwas reifere Semester kennen Cargill noch aus Peter Kriegs Dokumentarfilm »Septemberweizen«, der 1980 erstmals die Rolle der großen Konzerne bei der Nahrungsmittelproduktion beleuchtete und zeigt, wie der Hunger zum kalkulierten Faktor im Weizengeschäft wird. Der 1865 gegründete Getreidehändler aus Minnesota hat damals schon den Getreidemarkt kontrolliert und mit durchaus brutalen Methoden dafür gesorgt, dass Bauern ihre Eigenständigkeit verlieren. In den vergangenen Jahrzehnten entwickelte sich das Familienunternehmen zu einem breit diversifizierten Konzern, der die gesamte Nahrungskette zwischen

*Dreharbeiten bei Cargill: Kunstdünger und Pestizide nach Belieben, dennoch wird das Zertifikat »Nachhaltiges Palmöl« vergeben. Nur »primärer« Regenwald muss unangetastet bleiben.*

Bauern und Detailhändlern abdeckt. Das Unternehmen handelt mit landwirtschaftlichen Rohstoffen, betreibt Fleisch- und Verarbeitungsfabriken, beliefert Nahrungsmittelhersteller wie Nestlé und Unilever und Detailhändler mit Zwischen- und Endprodukten. So wird über eigene Schlachthöfe ein Viertel des amerikanischen Fleischbedarfs zubereitet. Coca-Cola erhält von Cargill den Zucker, McDonald's die Eier. Cargill kontrolliert fast ein Drittel des weltweiten Getreidehandels[94] und ist der größte Hühnerproduzent Thailands. Mitarbeiter des Konzerns beraten Bauern und Regierungen und entwickeln neue Nahrungsstoffe. In den letzten Jahren ist man auch in die Produktion von Biodiesel und Ethanol groß eingestiegen. Lediglich das Saatgutgeschäft hat Cargill zur Jahrtausendwende an Monsanto verkauft, die beiden Konzerne dirigieren gemeinsam weltweit das Konzert der Agrarindustrie.

Als größter Agrar-Rohstoffhändler der Welt weiß Cargill, mit welchen Produkten in Zukunft Geschäft zu machen ist. Den höchsten Preis bekommt man für Palmöl, das bis zu einer zertifizierten Plantage zurückverfolgt werden kann.

Die Hindoli-Plantage ist nach den Kriterien des Roundtable on Sustainable Palm Oil (RSPO) zertifiziert. Das Öl, das die zwei großen Ölmühlen mit dem Flussschiff Richtung Meer verlässt, wird bei uns als »nachhaltiges Öl« ankommen. Was daran nachhaltig ist? John Hartmann wird wortreich, aber der Gehalt kann mit der Zahl der Worte nicht mithalten: »Nachhaltigkeit und der damit verbundene gute Ruf werden weltweit immer wichtiger. Es soll in Unternehmen investiert werden, die ihrerseits in Nachhaltigkeit investieren. Ein klares Bekenntnis zu Ertragssteigerung, Exzellenz und Disziplin vor Ort sind Teil der Bewertung des Managements für eine Investition.«

Umweltgruppen haben längst dokumentiert, was vom RSPO-Zertifikat »Nachhaltiges Palmöl« zu halten ist. »Es gibt inzwischen eine richtige Zertifizierungsindustrie, die sich selbst Label verleiht, die keiner nachprüft, die man aber gut vermarkten kann«, sagt Martin Häusling, Biobauer und für die deutschen

Grünen im Europaparlament. »Dieser Begriff ›nachhaltig produziert‹ hat nichts mit dem Ökologiebegriff zu tun.«[95]

Tatsächlich verleiht die Industrie sich selbst das Zertifikat »Nachhaltiges Palmöl«. Waldrodungen sind dafür ebenso wenig ein Hindernis wie der Einsatz von Kunstdünger oder Pflanzengiften.

Auch auf der Hindoli-Plantage: Der Traktor verteilt mit lautem Kreischen den rosa aussehenden Kunstdünger, daneben ein pittoreskes Szenario: Eine Gruppe von Arbeiterinnen streift durch die Plantage. Gummistiefel, Schutzanzug, Atemmaske, Chinesenhut – sie wirken wie Wesen von einem anderen Stern. Nur das Schwappen der Spritzmittelkanister ist zu hören und leise Schritte. In einer gut einstudierten Choreografie kreisen die Frauen um die Ölpalmen. Die Fläche um den Stamm muss mit Unkrautvernichtungsmittel frei gehalten werden, damit man die herabfallenden Ölfrüchte gut aufsammeln kann und einzelne Beeren nicht im Unkraut verschwinden.

Es ist sehr still. Es gibt kaum Vögel in der Monokultur, bis auf Eulen, die sich von Ratten ernähren, die Ölfrüchte fressen.

Der Hauptwirkstoff ist Glyphosat, ein Breitbrandherbizid, das Monsanto unter dem Markennamen Roundup vertreibt. In Argentinien, wo riesige Sojafelder mit Glyphosat per Flugzeug besprüht werden, wurden bei Bewohnern nahe gelegener Orte zahlreiche Gesundheitsschäden und eine erhöhte Krebsrate beobachtet.[96]

Die Erntearbeiter ziehen mit ihren an gut sechs Meter langen, ausfahrbaren Stangen montierten Sicheln nach einem systematischen Plan permanent durch die nicht enden wollenden Palmenreihen. Es wird das ganze Jahr über geerntet, sie prüfen mit geschultem Blick, welche Früchte reif sind. Die Fruchtstände sehen aus wie Riesenhimbeeren und wiegen bis zu 50 Kilo.[97] Es braucht Geschick und Kraft, die Früchte vom Boden aus in der Krone der Palme abzuschneiden, und es braucht Umsicht: Die einzelnen Früchte tragen Stacheln, beim Aufschlagen der schweren Dinger werden fast immer einzelne Beeren abgesprengt und zischen wie Geschosse durch die Gegend. Man ersetzt die Ölpalmen in der Regel nach 20 Jahren, weil sie sonst zu hoch werden und das Ernten schwierig wird. Eigentlich könnten Ölpalmen hundert Jahre alt werden, allerdings lässt auch die Produktivität bei älteren Palmen nach.

Die Frucht wird dann mit einem Spezial-Kranfahrzeug eingesammelt, ein Arbeiter sammelt noch von Hand die Früchte, die aus dem Fruchtstand herausgefallen sind. Dann übernimmt ein LKW die wertvolle Fracht, der mit tonnenschwerer Ladung durch die Plantage zügig zur Ölmühle fährt. Die Früchte sind schnell verderblich und müssen daher bis maximal 24 Stunden nach der Ernte verarbeitet werden.

Bei der Ölmühle angekommen, landen die schweren Früchte mit weit hörbarem Donner auf einem Fließband. Zuerst kommen sie in Eisenbahnwaggon-große Kessel und werden darin mit Wasserdampf behandelt, um ein fettspaltendes Enzym zu zerstören. Anschließend werden die Früchte gequetscht, die Kerne abge-

*Arbeiterinnen auf der »nachhaltigen« Palmölplantage: »Dieser Begriff ›nachhaltig produziert‹ hat nichts mit dem Ökologiebegriff zu tun.«*

trennt und das Öl ausgepresst. Durch den hohen Carotingehalt hat das Palmöl eine orange Farbe. Die Kerne werden getrocknet und zermahlen, daraus wird das Palmkernöl gewonnen.

Ursprünglich stammt die Ölpalme aus Westafrika. Heute wird sie auch in Südamerika und vor allem in Südostasien angebaut. Ölpalmen benötigen ein feuchttropisches Klima und tragen mehrere tausend Früchte. Sie wachsen in dem Gürtel um den Äquator, fünf bis zehn Grad nördlich und südlich.[98] Die Palmen benötigen hohe Sonneneinstrahlung und Feuchtigkeit. Ölpalmen wachsen dort am besten, wo vorher Regenwald war.

# Wie Wälder verschwinden

Wir verlassen die Hindoli-Plantage und fahren zurück zur Siedlung der Cargill-Angestellten, die sich bei einer anderen Plantage befindet. Wald gibt es hier keinen mehr, aber es ist alles grün, merkwürdig grün. Wir fahren eine Stunde lang an exakt geometrisch angeordneten Baumreihen vorbei. Kautschuk und Ölpalmen, gewaltige Monokulturen.

Ölpalmen erleben vor allem wegen des hohen Ertrages einen anhaltenden Boom. Auf Plantagen wie hier lässt sich pro Hektar zehnmal mehr Öl gewinnen als bei Soja und sechsmal mehr als bei Raps, hat uns John Hartmann nicht ohne Stolz erzählt.

Daher spielt Palmöl so eine große Rolle bei der Befriedigung des ständig steigenden Speiseölbedarfs. Und daher bleiben entlang des Äquators kaum noch unberührte Wälder stehen. Wird der Regenwald gerodet, verlieren auch seltene Tiere wie Orang-Utans, Tiger und Nashörner ihren Lebensraum.

Noch 1990 waren zwei Drittel der Landfläche hier Wald, jetzt gibt es nur noch in den Bergregionen einige unberührte Flecken, vom stolzen Sumatra-Tiger soll es nur noch 400 Exemplare geben. Die steigende Anzahl der Papier- und Palmölplantagen ist für die Zerstörung von nahezu zwei Dritteln der Tiger-Habitate im Zeitraum zwischen 2009 und 2011 verantwortlich.

Setzt sich der Trend der vergangenen Jahre fort, werden hier in Indonesien im nächsten Jahrzehnt die Anbauflächen für Ölpalmen verdoppelt: Experten prognostizieren bis zu neun Millionen Hektar neue Plantagen, Regenwald gibt es dann praktisch keinen mehr auf den Inseln Indonesiens.[99]

Die Weltbank schätzt, dass in Indonesien theoretisch bis zu 20 Millionen Hektar Land zur Verfügung stehen, die als unproduktiv oder ungenutzt gelten.[100] Palmölkonzerne bevorzugen jedoch die Neuanlage von Plantagen auf ehemaligen Waldflächen, da sie dort weniger Düngemittel benötigen und so höhere Profite erzielen als auf den Brachflächen. Dazu kommt, dass sich mit der Abholzung und dem Verkauf des Holzes das Startkapital für den Aufbau der Plantagen erwirtschaften lässt. Die Rodungen für neue Plantagen führten in Indonesien immer wieder zu massivem Widerstand der Bevölkerung, da die Wälder eine wichtige Lebensgrundlage für die Anwohner sind. Dies gilt häufig auch für Brachflächen, die auf den ersten Blick als unproduktive Flächen erscheinen, doch für Menschen aus dem Umland eine wichtige Quelle zur Sicherung des Überlebens sind.[101] All diese Fakten haben die großen Palmölkonzerne nicht davon abgehalten, ihr Produkt als »nachhaltig« zu verkaufen.

Abends im Gästehaus der Cargill-Plantage. Man isst am gemeinsamen Tisch, geschlafen wird in kleinen Bungalows. Vier

*Ernte von Palmölfrüchten: 70 Prozent unserer Supermarktprodukte enthalten Palmöl, es ist in Fertigpizzen, Knäckebrot, Margarine, Schokoriegeln, Butterkeksen, Speiseeis, Fertigsuppen, Brotaufstrichen, Haarshampoos, Hautcremes, Waschmitteln.*

129

Männer sind neu, sie stellen sich als Auditoren für eine Nachhaltigkeitsprüfung vor. Einige Tage, erzählen sie, werden sie die Plantage und Ölmühle prüfen. Was sie denn da prüfen? Nun zum Beispiel das Ausmaß, erzählt der aus Indien kommende Experte, in dem die ausgepressten Ölkuchen zwischen den Baumreihen als Dünger ausgebracht werden. Und die Energieeffizienz der Ölmühle. Das Essen ist eher eintönig, alle sind müde und ziehen sich bald zurück.

# Nachhaltig angeschmiert

Ich nutze noch das langsame WLAN im Bungalow für Recherchen, obwohl ich mir gut vorstellen kann, hier nicht der Einzige zu sein, der meine Schritte im Netz verfolgt. Den Ölkuchen als Dünger zu verwenden ist rein schon aus ökonomischen Gründen sinnvoll, was soll daran nachhaltig sein? Wie kann es der Industrie gelingen, weltweit gültige Zertifikate zu entwickeln, die offenbar kaum das garantieren, was sie behaupten? Ich lese in den Aufzeichnungen meines Kollegen Christian Brüser, der M.R. Chandran, einen der Architekten des Roundtable on Sustainable Palm Oil (RSPO), in Kuala Lumpur interviewt hat. Aufgrund der wachsenden Kritik an der Palmölproduktion wurde im Jahr 2003 der »Runde Tisch für nachhaltiges Palmöl« gegründet. Chandran war damals in führender Position bei der Malaysian Palm Oil Association tätig, dem Verband der großen Hersteller des rötlich-goldenen Saftes. Herr Chandran ließ keinen Zweifel aufkommen: Es ging und geht dabei in erster Linie darum, das negative Image von Palmöl loszuwerden: »Vielleicht erinnern Sie sich an 1997 und 1998. Damals brannte die ganze Region hier. Singapur, Malaysia, der Süden Thailands bis hin zu den Philippinen war von einer Dunstglocke bedeckt. Wegen der Waldbrände. Es war eigentlich nicht so sehr der Wald selbst, der brannte, sondern die Torfflächen in Sumatra und Kalimantan und teilweise auch in Sarawak. Es herrschte Dürre, wir hatten einen sehr starken, intensiven El Niño in den Jahren 1997/98. Wir hatten dieses riesige Problem mit dem Smog. Die ganze Welt ist aufgewacht und hat gesehen, dass Wälder und Torfflächen abgebrannt werden. Warum wird das abgebrannt? Sie haben gesagt, es liegt an der Ausdehnung der Ölpalmplantagen. Die standen im Zentrum der ganzen Sache. Der WWF Schweiz und Unilever, das ist der größte Käufer von Palmöl weltweit, sind zu mir gekommen, zur MPOA (Malaysian Palm Oil Association), und haben gesagt, wegen dieser Rauchschwaden gibt es ein schlechtes Bild von Palmöl auf der ganzen Welt. Man zeigt mit dem Finger auf die Palmölplantagen. Damals hat es zwar auch in Australien gebrannt, ebenso in Russland und Kalifornien, denn es handelte sich um den schlimmsten El Niño, den wir je hatten. Der WWF und Unilever haben also gesagt: ›Lasst uns dieses Thema anpacken!‹ Und so hat alles begonnen.«[102]

Dass der WWF dieses Label mit verantwortet, ist wohl besonders problematisch. Denn zahlreiche Umweltorganisationen wie Greenpeace oder Rettet den Regenwald werfen dem RSPO »Greenwashing« vor und kritisieren, dass Nachhaltigkeit und soziale Ziele durch die Zertifizierung nicht erreicht werden. In einer gemeinsamen Erklärung kritisierten 256 Umwelt-, Sozial- und Menschenrechtsorganisationen aus aller Welt das von der Industrie selbst verteilte Label massiv und bezeichneten es als »Etikettenschwindel«.[103]

Die RSPO-Regeln schützen obendrein nur Waldgebiete mit »hohem Schutzwert« (high conservation value), andere Waldgebiete dürfen in Plantagen umgewandelt werden. Primärurwald gibt es nur noch wenig, weil meistens schon Holzfäller die kostbarsten Bäume entnommen haben. In der Praxis führt das dazu, dass eine Firma zum Beispiel eine 10.000 Hektar große Palmölplantage anlegt und dazu den gesamten Wald rodet, bis auf 200 Hektar Wald, die als »schützenswert« gelten und stehen bleiben. Diese kleinen, fragmentierten Waldgebiete weisen aber deutlich geringere Biodiversität auf als der ursprüngliche Wald.

Jedes Jahr gehen 150.000 Hektar Wald für neue Palmölplantagen verloren, sagt Greenpeace-Waldexpertin Gesche Jürgens: »Und das sind 150.000 Hektar zu viel.«[104]

Cargill-Manager Hartmann hat noch darauf hingewiesen, dass der US-Konzern Wohnungen für die Arbeiter und Schulen zur Verfügung stellt. Das ist sicher bemerkenswert, angesichts des militärischen Drills der Arbeiter ist aber sicher auch die Kontrolle ein Motiv für die »Behütung« der Mitarbeiter.

Für mich steht fest: Nachhaltigkeit im ökologischen Sinn wird durch die RSPO-Zertifizierung nicht erreicht. Aber den Behörden und Konsumentenschützern in den Industriestaaten wird vorgegaukelt, dass Palmöl gar nicht so problematisch sei. Das Vertrauen von Verbrauchern wird missbraucht, in dem Unternehmen Produkte aus »umweltfreundlicher Produktion« anbieten und Palmöl aus RSPO-zertifizierter Produktion als nachhaltig ausweisen, obwohl es tatsächlich nicht umweltfreundlich und nachhaltig produziert ist.[105]

# Warum Palmöl in aller Munde ist

2013 lag die Gesamtproduktion von pflanzlichen Ölen weltweit bei 185 Millionen Tonnen, davon entfiel ein Drittel auf Palmöl, gefolgt von Sojaöl mit 25 Prozent, Rapsöl hat einen Marktanteil von 13 Prozent, Sonnenblumen von neun Prozent.[106] Noch vor 50 Jahren hätte man nach Westafrika fahren müssen, um die Verwendung von Palmöl als Lebensmittel zu beobachten: Kleinbauern extrahierten dort aus den Früchten Fette und bereiteten Wein daraus zu.

Wenn sie über Palmöl spricht, gerät Lebensmitteltechnologin Regine Schönlechner fast ins Schwärmen. Das »Superöl für die Industrie« hat im Gegensatz zu Raps- oder Sonnenblumenöl eine perfekte Konsistenz: Der hohe Palmitinanteil hält das Fett bei Raumtemperatur fest und dennoch geschmeidig. Die bei uns anbaubaren Pflanzenfette bekommen diese Eigenschaften nur durch künstliche Härtung, was wiederum gesundheitsschädliche Transfette zur Folge hat. »Mit der flüssigen und festen Komponente des Palmöls lässt sich praktisch jede Konsistenz herstellen«, so Schönlechner. Und Fertigmenüs und -pizzen mit Soßen sind nach dem Auftauen wieder in der gewünschten Konsistenz auf dem Teller, was etwa bei Béchamelsoße ohne Palmöl gar nicht ginge.

Palmöl ist obendrein ausgesprochen hitzestabil, gibt vielen Produkten durch seine Schmelzeigenschaften ein gutes Mundgefühl und ist vor allem das mit Abstand billigste Pflanzenöl. Für die Kosmetikindustrie und die Waschmittelindustrie wiederum werden die flüssigeren Varianten gebraucht.

Bei der weltweiten Gier nach dem Öl aus den Palmfrüchten, das kaum ranzig wird und sich daher perfekt für die Verlängerung der Haltbarkeitsdaten auf den Verpackungen eignet, hat Europa die Nase vorn. Während die Europäer pro Kopf und Jahr 60 Kilogramm Öle und Fette in Nahrungsmitteln verbrauchen, liegt der weltweite Durchschnittsverbrauch bei 24 Kilogramm. Schwellenländer wie Indien (13,4 kg), Pakistan (19,9 kg) oder Nigeria (12,5 kg) verbrauchen weit weniger. Aufgrund der wachsenden Bevölkerung wird der Bedarf in diesen Ländern aber ebenfalls steigen und damit auch die Nachfrage nach Palmöl. Weiter verstärkt wird die Nachfrage, da viele Menschen von minderwertigen Ölen auf höherwertiges Palmöl umsteigen werden, sobald es ihnen finanziell möglich ist. Hochrechnungen bis zum Jahr 2020 prognostizieren weltweit einen zusätzlichen Bedarf von 27,7 Millionen Tonnen pflanzlicher Öle. Um diesen decken zu können, müssten auf weiteren 6,3 Millionen Hektar Ölpalmen angebaut werden – oder auf 42 Millionen Hektar Sojabohnen.

Ob wir in einen Keks oder Schokoriegel beißen, Brot mit Margarine bestreichen, eine Pizza essen oder eine Fertigsuppe löffeln – überall ist Palmöl drin. Convenience-Produkte ersetzen immer mehr frische Lebensmittel, wir nehmen uns kaum noch Zeit zu kochen. Dass das nicht gesund ist, wissen wir schon einige Zeit. Dass wir damit aber auch den Menschen und der Natur entlang des Äquators die Lebensgrundlage entziehen, ist für mich eine neue Erkenntnis.

Dass dies geschieht, ist Ergebnis der Politik, und nicht ein Naturgesetz. Noch Ende des vergangenen Jahrhunderts wirkten in Europa und auch in Indien bewusst gestaltete Importbarrieren für pflanzliche Öle. In Europa blühten Raps und Sonnenblumen und in Indien waren Kokospalmen wichtiger Fettlieferant. Erst auf Druck der beiden Fetischisten des »freien« Welthandels – Weltbank und Welthandelsorganisation WTO – wurden die Importschranken gelockert und schließlich völlig aufgehoben, seitdem fließt das billige Öl vom Äquator nach Norden ungehindert und verdrängt andere Pflanzen.

Zunächst wurde Palmöl gar nicht als Lebensmittel verwendet, sondern für Kerzen und zur Seifenherstellung. Erst als Napoleon

*Dreharbeiten in einer Ölmühle auf Sumatra: »Palmöl ist fest, geruchslos, lässt sich prima verarbeiten und produziert beim Konsumenten ein besseres ›mouth feeling‹ als andere Fette.«*

nach günstigem Butterersatz für seine Soldaten suchte, entdeckten Chemiker die günstigen Eigenschaften des Fettes aus den Palmfrüchten. 1869 war dann die Geburtsstunde der Margarine.

Mehr als zwei Drittel des Palm- und Palmkernöls werden heute in der Nahrungsmittelproduktion verwendet, 24 Prozent bei der Herstellung von Konsumartikeln (Seifen, Kosmetik, Kerzen etc.), und fünf Prozent dienen der Erzeugung von Energie im sogenannten Biosprit. Praktisch in allen Produkten für die Körperpflege ist Palmöl oder ein Derivat davon enthalten,[107] und die chemische Industrie verwendet das Fett vom Äquator zur Herstellung von Farben, Lacken, Seifen, Waschmitteln, pharmazeutischen Produkten, Hydraulik- und Schmierölen.

In absehbarer Zeit werden der Palmölindustrie die Flächen in Südostasien ausgehen, deshalb richtet sich der Fokus bereits auf Afrika. Die räuberische Erschließung hat längst begonnen.

Sime Darby aus Malaysia und Golden Agri-Resources aus Singapur, zwei führende Palmölproduzenten, sicherten sich bereits mehr als 400.000 Hektar in Liberia. Auch in Sierra Leone, Nigeria und Ghana gibt es bereits Konflikte, weil sich Bauern gegen ihre Vertreibung zugunsten von Palmölplantagen wehren. Während der letzten 15 Jahre schlossen die Regierungen West- und Zentralafrikas mit ausländischen Firmen 60 Verträge, die eine Fläche von knapp vier Millionen Hektar umfassen, um Palmölplantagen anzulegen.

# Es geht auch ohne Palmöl

Die enorme Steigerung des Bedarfes an Palmöl bei uns in Europa hat drei Wurzeln:

1. Die Lebensmittelindustrie musste die Fette aus bei uns wachsenden Pflanzen künstlich härten, um sie in Backwaren, Fertiggerichten und Süßigkeiten in gewünschter Form einsetzen zu können. Diese veränderten Fette enthielten Transfette, die sich als gesundheitsschädlich herausgestellt haben. Palmöl hat die gewünschte Festigkeit von Natur aus, ist daher sehr praktisch.

2. Auch die aus Palmöl hergestellten waschaktiven Substanzen haben auf den ersten Blick Vorteile gegenüber Tensiden auf Erdölbasis. Produkte aus nachwachsenden Rohstoffen wurden lange als ökologische Alternative angesehen, der Waschmittelkonzern Henkel etwa gewann für seine »Biotenside« auf Palmölbasis große Nachhaltigkeitspreise.

3. Und schließlich hat der politische Beschluss, Treibstoffe aus Pflanzen in großem Stil dem Benzin beizumischen, noch einmal die Nachfrage erhöht.

Aber Palmöl wächst ertragreich nur entlang des Äquators. Und schon jetzt wachsen 60 Prozent der Agrarrohstoffe, die wir in Europa konsumieren, nicht mehr auf unseren Böden, sondern in Ländern des Südens, die ihr Ackerland dringend für das eigene Überleben und das Überleben der Natur brauchen.

Deshalb müssen Wege gefunden werden, mit weniger Palmöl auszukommen. Und die sind gar nicht so kompliziert, zumindest auf den ersten Blick.

Am einfachsten ist es natürlich, weitgehend unverarbeitete oder frische Grundnahrungsmittel aus der Region wie Obst, Gemüse, Reis, Nudeln, Brot, Fleisch, Fisch, Eier und Käse zu kaufen und selber zu kochen – dann weiß man immer, was im Essen steckt, muss keine endlosen Zutatenlisten studieren und wählt höchstwahrscheinlich auch die gesündeste Variante. Bei Kuchenteigen, Ravioli und anderen Fertiggerichten, aber auch bei Knabbergebäck und Süßwaren ist dagegen schon ein genauerer Blick gefragt. Aber mit etwas Geduld wird man auch hier fündig. Alternativen gibt es im Reformhaus, im Bio-Supermarkt, aber auch beim Discounter. Produkte mit Kokosfett sind da allerdings keine Alternative, da sie die Böden der gleichen Region benötigen wie Palmöl. Regionale Fette sind vorzuziehen.

Bei Seifen, Waschmitteln und Kosmetika gibt es ebenfalls bereits Alternativen. Es gibt Seifen auf Ölivenölbasis und auch Tenside können inzwischen aus Algen hergestellt werden, die in Fermentern gezüchtet werden, also ohne großen Bodenverbrauch.

Selbstversuche diverser Umweltgruppen zeigen, dass der Alltag ohne Palmöl auch nicht viel teurer wird. Bedeutsam ist dabei allerdings, dass nicht zu viel von anderen Fetten wie Kokosöl, die ebenfalls nur in der Nähe des Äquators wachsen, als Alternative gekauft werden.

# Das Biosprit-Verbrechen

Wir Menschen in den Industrieländern betreiben den Kolonialismus 2.0 zu unserem Nutzen. Die Rohstoffe für die Lebensmittelindustrie kommen zunehmend aus dem Süden, weil das praktischer und billiger ist. Die Futtermittel für unsere Schweine, Hühner, Puten und Kühe und dazu auch noch Öle kommen überwiegend aus dem Süden, weil das billiger und praktischer ist. Dass damit den Menschen in der Nähe des Äquators lebenswichtiger Boden geraubt wird, deckt man dann mit »Nachhaltigkeits«-Siegeln zu. Die Zertifizierungsindustrie verkleistert damit die Zerstörung unseres Gewissens.

Die Lobbys der Industrie haben es obendrein geschafft, auch dem an sich lebenswichtigen Bemühen zur Reduzierung des Treibhauseffektes einen entscheidenden Kick zu ihrem Nutzen zu geben. Nicht weniger Energieverbrauch, sondern anderer Verbrauch von »nachhaltiger Energie« soll das Ziel sein, die kein zusätzliches Kohlendioxid freisetzt. Statt Öl aus fossilen Brennstoffen soll in Zukunft mehr und mehr Treibstoff aus nachwachsenden Rohstoffen verbrannt werden, so das auf den ersten Blick überzeugende Credo, dem sich auch die EU angeschlossen hat. Lediglich um den Prozentsatz, der in allen Treibstoffen als »Biosprit« beigemengt werden muss, wird immer wieder diskutiert – zunächst waren es zehn, jetzt sollen es eventuell »nur« 7,5 Prozent sein, und es wird weiter gefeilscht. Damit wurde und wird ein enormer Anreiz geschaffen, in die Produktion von Biosprit zu investieren. »Bio« ist auch hier irreführend, weil an dieser Spritproduktion überhaupt nichts ökologischen Prinzipien folgt. Kunstdünger und Pflanzengifte werden dabei massiv eingesetzt, und eine ökologische Gesamtrechnung der Eidgenössischen Materialprüfungsanstalt (EMPA) zeigt, dass die Treibstoffe aus Pflanzen Klima und Umwelt annähernd so schädigen wie herkömmliches Benzin. Die Wissenschaftler fassen zusammen: »Etliche Biotreibstoffe aus Agrarerzeugnissen helfen zwar, den Ausstoß an Treibhausgasen zu verringern, führen aber zu anderen Umweltschäden wie übersäuerte Böden und überdüngte Gewässer.« Die Stickstoffdünger, die beim Anbau von Zuckerrohr, Raps und anderen pflanzlichen Energieträgern in zu großen Mengen verwendet werden, setzen viel Lachgas frei – und das heizt den Treibhauseffekt 250-mal so stark an wie $CO_2$. Nur wenige Biotreibstoffe hätten daher eine insgesamt bessere Ökobilanz als Benzin. Am besten schneidet noch Biogas aus Rest- oder Abfallstoffen ab.[108]

Das große Geschäft aber kann mit Sprit aus Zuckerrohr und Palmöl gemacht werden, wenn diese Pflanzen in der Nähe des Äquators die dort sehr intensive Energie der Sonne einfangen und verarbeiten und damit optimale Erträge ermöglichen. Dafür werden Flächen in Entwicklungsländern in Anspruch genommen, die zum Anbau von Nahrungsmitteln und zur Linderung der Not von 900 Millionen Hungernden auf der Welt geeignet wären. Ein kleines Rechenbeispiel zeigt den Widersinn: Wenn das EU-Ziel weltweit verwirklicht wäre und zehn Prozent des Treibstoffbedarfes durch Sprit aus Ackerpflanzen gedeckt würden, dann müsste mehr als ein Viertel der globalen Ernte zur Herstellung von »Bio«sprit verwendet werden.[109] »Es hat etwas Perverses, dass wir unsere Tanks mit der Nahrungsfläche der Menschen auf der anderen Seite der Welt füllen«, bringt es Felix zu Löwenstein auf den Punkt. »Mit ein, zwei Tanks Biosprit für meinen Traktor verbrauche ich so viel Fläche, wie eine ganze Familie ein Jahr lang zum Leben braucht, der sogenannte Biosprit ist extrem flächen-ineffektiv.«[110]

In Afrika heizt die Europäische Union mit der Biosprit-Verordnung die Nachfrage nach Boden massiv an. Und es sind wieder die großen Ölfirmen, die hier massiv ins neue Geschäft einsteigen. Der Agrarwissenschaftler Wilfried Bommert beschreibt, dass auch hier die Zollbegünstigungen des EU-Pro-

*Felix zu Löwenstein: »Biosprit aus der Dritten Welt zu importieren ist pervers. Mit ein, zwei Tanks Biosprit für meinen Traktor verbrauche ich so viel Ackerfläche, wie eine ganze Familie auf der anderen Seite der Erde ein Jahr lang zum Leben braucht.«*

gramms »Everything but Arms« dem Boom kräftige Impulse geben. Der Wettlauf um die besten Standorte findet zwischen Konzernen aus Italien, Norwegen, China, Deutschland, den Niederlanden, Großbritannien, Brasilien, Indien und der Schweiz statt. Laut Wilfried Bommert vergaben Regierungen in Ghana, Benin, Nigeria, Kenia, Tansania oder Nigeria bereits Konzessionen jeweils über mehrere 100.000 Hektar an Ackerböden für die Produktion von Ethanol. Land, das bis dahin meist von Kleinbauern in traditioneller Anbaumethode genutzt wurde.[111]

So landet das Essen von Millionen Afrikanern in den Tanks unserer Autos. Und das dürfte erst der Anfang sein: Die Weltbank bezeichnet in ihrem Bericht »Rising Global Interest in Farmland« Agrosprit als den größten Antreiber bei der weltweiten Landnahme. Bis 2030 rechnen die Experten der Washingtoner Bank mit 44 Millionen Hektar Ackerfläche, die von den Ölkonzernen für Treibstoffproduktion verwendet werden.[112]

# Schweizer Musterschüler – oder Landräuber?

Auch in Sierra Leone setzen europäische Konzerne auf den »Bio«sprit-Boom. Addax Bioenergy produziert in der Nähe von Makeni im Zentrum des Landes im großen Stil Ethanol aus Zuckerrohr für Europa. Addax Bioenergy ist ein Tochterunternehmen von AOG (Addax and Oryx Group) des Schweizer Milliardärs Jean Claude Gandur. Nach Forbes verfügt der kunstsinnige Ölhändler über ein Privatvermögen von 2,3 Milliarden US-Dollar.[113] Er hat sein Geld im Ölgeschäft im Irak und in Nigeria gemacht und verfügt über beste Kontakte zu den Eliten Afrikas. In Sierra Leone hat er während des Bürgerkrieges, der ein Dutzend Jahre wütete und die Strukturen des Landes weitgehend zerstörte, die Fraktion mit Treibstoff versorgt, die letztlich mithilfe der britischen Armee gesiegt hat.[114]

Addax stellt sich als Musterschüler der Nachhaltigkeit dar und behauptet, »Afrikas führendes Modell für nachhaltiges Investment unter Berücksichtigung der Ernährungssicherheit für die Bevölkerung« zu sein. Viele unabhängige Spezialisten hätten das Projekt untersucht und auch unter den Kriterien der sozialen Verantwortung positiv zertifiziert, tönt es in der Selbstdarstellung des Konzerns.[115] Addax will alles besser machen und zum Vorzeigeprojekt werden, wie man nachhaltig in Afrika investieren kann, wie man Arbeitsplätze schaffen kann, um den Menschen zu ermöglichen, der Armut zu entkommen.[116]

Immerhin wurden in Sierra Leone 400 Millionen Euro investiert. Gandur kennt sich auch mit den Risiken in Afrika aus, daher nimmt die Firma gerne Kredite der Entwicklungsbanken. Falls das Projekt scheitert, haften die Steuerzahler Europas, unter

anderem auch in Österreich. Etwa die Hälfte der Investitions-
summe wird über die Afrikanische Entwicklungsbank aus Entwicklungshilfegeldern finanziert. Auch die Österreichische Entwicklungsbank ist dabei.[117]

Ganz anders sieht der Globalisierungskritiker und frühere
UNO-Sonderberichterstatter für das Recht auf Nahrung Jean
Ziegler das Addax-Projekt. In seinem Buch »Wir lassen sie verhungern« bezeichnet er die Vorgehensweise von Addax in Sierra
Leone als »charakteristisch für die meisten Landkäufe der Geier
des ›Grünen Goldes‹«. Er bezeichnet die Aktivitäten von Addax
als Land Grabbing. »Wer auf einem Planeten, auf dem alle fünf
Sekunden ein Kind unter zehn Jahren verhungert, Anbauflächen
für Nahrung ihrem Zweck entfremdet und Lebensmittel als Kraft-
stoff verbrennt, begeht ein Verbrechen gegen die Menschlich-
keit«, so der Schweizer.[118]

Ein Widerspruch, der uns animierte, das Addax-Projekt in
Sierra Leone näher in Augenschein zu nehmen. Wir stellten
uns dem Mangement in der Schweizer Konzernzentrale vor
und präsentierten unser Konzept »Landwirtschaft der Zukunft«
so:

»Der Film will Agrarinvestoren bei ihrer Arbeit begleiten, um
ihre Arbeitsweise und ihre Überlegungen deutlich zu machen:

Wer sind typische Agrarinvestoren?

Welche Kriterien sind entscheidend bei der Auswahl von landwirtschaftlichen Investitionsprojekten?

Welches Gewicht haben die verschiedenen Faktoren (Boden,
Klima, Bewässerung, rechtliches und politisches Umfeld, Arbeits-
kräfteangebot, Infrastruktur etc.) bei der Entscheidung für eine
Agrarinvestition?

In welchen Zeiträumen denken Agrarinvestoren?

Für wen sind Agarinvestitionen attraktiv (Family Offices,
institutionelle Anleger, Kleinanleger usw.)?

In Gesprächen mit Agrarinvestoren, Farmmanagern etc. sucht
der Film auch Antworten auf folgende Fragen:

144

Wie kann durch Agrarinvestitionen die Landwirtschaft modernisiert werden, sodass sie produktiver wird?

Wie bringen Agrarinvestoren Know-how in die Zielländer ihrer Investitionen?

Welchen Beitrag leisten die Agrarinvestitionen zur globalen Ernährungssicherung?«

Das überzeugte schließlich den leicht skeptischen Jörgen Sandström, der in der Genfer Addax-Zentrale die Geschicke des Projekts in Westafrika lenkt. Wir wurden eingeladen, das Projekt in Sierra Leone zu besuchen.

Parallel dazu nahmen wir mit NGOs Kontakt auf, vor allem mit der Schweizer Gruppe von »Brot für alle«, die das Projekt und seine Auswirkungen seit Jahren untersucht.

Sierra Leone, April 2014. Der Lungi-Airport, ein kleines schmuddeliges Gebäude, ist von der Hauptstadt Freetown durch das breite Flussdelta getrennt, das der Sierra Leone River und der Rokel River gemeinsam bilden. Die Herren vom Zoll sind mürrisch und unwillig, unser Equipment durchzulassen, bis wir erzählen, dass wir zu Addax wollen. Ein Lächeln blitzt auf und wir werden durchgewunken. Die Fahrt nach Makeni geht erstaunlich schnell, die Chinesen haben eine neue Straße bis zur Eisenmine in der Nähe gebaut.

Die Provinzhauptstadt Makeni. Ein eher bedrückendes Gemisch von Wellblechhütten und kleinen, etwas devastierten Häusern, auffallend vielen Menschen fehlen Arme und Hände, die haben die Rebellen im Krieg geplant abgeschlagen. Das Hotel ist merkbar für die Arbeiter der Mine und Addax vorhanden, Wachen und Schlagbaum schaffen eine exklusive Welt, junge Damen rund um den Pool erkundigen sich auffallend oft nach dem Wohlergehen der Gäste. Mittags treffen wir in einer kleinen Garküche die Entwicklungshelfer, die uns von den Lebensbedingungen der Bauern im Projektgebiet von Addax erzählen und Kontakte nennen.

Nachmittags geht es über rote Staubstraßen zur Ethanolfabrik von Addax, dem Herzstück des Projekts. Unvermittelt fährt unser Fahrer rechts ran, eine große Staubwolke nähert sich. Soldaten auf offenen LKWs, kleine gepanzerte Fahrzeuge, dann eine Reihe schwarzer SUVs, dann, im Staub kaum noch zu sehen, wieder Soldaten auf offenen LKWs. Der Präsident, sagt der Fahrer leise, er war auf Besuch bei Addax, auch seinem Prestigeprojekt. Wir fahren wieder los und erreichen die ersten »Pivots«, etwa tausend Meter lange Bewässerungsanlagen, die den Radius eines Riesenkreises bilden, geformte Landkreise. Die Anlagen fahren automatisch gesteuert langsam im Kreis und sorgen dafür, dass stets optimal viel Wasser für die Pflanzen vorhanden ist. Ich habe die Kreise auf Google Earth gesehen, sie sind vom Satelliten aus gut auszumachen, in unnatürlich wirkendem Grün zerteilen sie die Landschaft, es sind mehr als 100, jeder mehr als 70 Hektar groß.

Dann sehen wir die Fabrik, die einer Raffinerie ähnelt, und daneben die Baracken der Arbeiter und des Managements.

# Sierra Leone: Ausgeblutet

Ein karges Ambiente, kahle Gänge und eine zu heftig eingestellte, riesige Klimaanlage, ein Wasserspender, alte Lederstühle. Der Assistent des Managers, Handel Mac-Williams, empfängt uns. Der sympatisch wirkende Mittdreißiger muss wohl auch im Bürgerkrieg aktiv gewesen sein, denke ich, und spreche ihn darauf an, auch um die Wartezeit zu überbrücken. Ja, sagt er mit gesenktem Blick, er habe auch ums Überleben kämpfen müssen. Eine allgemeine Amnestie für beide Seiten – abgesehen vom Kommandanten der Rebellen Charles Taylor, der in Den Haag verurteilt wurde – habe jetzt aber ein Zusammenleben ermöglicht.

Warten und Wassertrinken füllen die nächsten 20 Minuten, der General Manager hatte noch einen Termin. Ich denke an die Worte von Mac-Williams. Es hat hier um die 50.000 Kindersoldaten gegeben, gut möglich, dass er einer war. Die wurden im wohl brutalsten Bürgerkrieg der afrikanischen Geschichte gezielt rekrutiert, indem man in ihrer Anwesenheit ihre Mütter oder Schwestern vergewaltigte und tötete und ihnen dann die Wahl ließ, Soldat zu werden oder auch zu sterben. Im Hollywoodfilm »Blood Diamond« hat Edward Zwick den Schauspieler Leonardo DiCaprio als zwielichtigen Söldner inszeniert und damit der Welt die furchtbare Realität Westafrikas nähergebracht. Zwei Machtgruppen lieferten sich mit der Hilfe von Söldnertruppen von 1991 bis 2002 an Grausamkeit kaum überbietbare Gefechte um die Diamantenminen Sierra Leones. Zivilisten wurden systematisch Gliedmaßen abgehackt. Ich kenne die Studien der Hirnforscher, die zeigen, wie bei den Kindersoldaten quasi im Wortsinn die Sicherungen durchgebrannt sind: Die Verbindungen zum Empathiezentrum wurden durch die schweren Traumata zerstört.

Das ist gerade ein Dutzend Jahre her und hat spürbare Narben in der Gesellschaft hinterlassen. Diamanten aus Sierra Leone gelten heute als »konfliktfrei«, der Export läuft zum großen Teil legal, überwiegend nach Belgien. Doch das Geschäft lohnt sich nur noch für große Firmen mit schwerem Gerät. Internationale Konzerne kaufen immer mehr Schürfrechte auf, aber sie brauchen kaum Arbeitskräfte. Und von ihren Investitionen und lächerlich geringen Exportsteuern haben bislang allenfalls Politiker und traditionelle Dorfchefs profitiert, nicht aber die Bevölkerung. Vor dem Krieg gab es im Land mit seinen sechs Millionen Einwohnern immerhin schon mehr als 30 Fabriken. Heute gibt es fünf – zwei Brauereien sowie eine Flaschen- und eine Zementfabrik – und Addax.

Ich kenne auch die Zahlen zur Armut und ihren Folgen. Fast jedes dritte Kind erlebt hier nicht einmal seinen fünften Geburtstag. Für ein Drittel aller Todesfälle bei Kleinkindern ist Malaria verantwortlich. Da spielt Ebola, das gerade ausgebrochen ist,

*Dreharbeiten in einem Dorf in Sierra Leone: Der Bürgerkrieg ist gerade ein Dutzend Jahre her und hat spürbare Narben in der Gesellschaft hinterlassen. Im Projektgebiet von Addax herrscht Hunger.*

148

trotz der Dramatik nur eine untergeordnete Rolle. Wir haben Desinfektionsmittel für die Hände mit und verwenden es nach jedem Kontakt.

# Wer das Land besitzt,
# dem gehört die Zukunft

Dann kommt John Moult, ein kleiner, kräftig gebauter Südafrikaner um die 60. Der General Manager des Agrarprojekts samt Fabrik für Ethanol wirkt bemüht freundlich und will gleich ein kollegiales Verhältnis schaffen, indem er mich und Christian Brüser, der als Aufnahmeleiter mit war, kurz in seinem Büro allein lässt und sagt, wir könnten uns derweil das Projektareal auf den Karten an der Wand ansehen.

Wir haben ein dichtes Programm: Zwei Tage wird uns Moult durch das Projektgebiet führen, die Addax-Manager gehen davon aus, dass wir dann abreisen.

Aber wir werden danach drei weitere Tage mit Übersetzern aus der Gegend die Dörfer besuchen, die vom Projekt betroffen sind.

»Zuckerrohr benötigt drei Dinge: Wasser, Sonne und Nährstoffe. Sierra Leone hat sehr viel Sonne, vor allem in der Trockenzeit. Wasser können wir aus einem sehr großen Fluss, dem Rokel, entnehmen und für Nährstoffe kaufen wir Dünger«, beginnt Moult seine Ausführungen. Bald stellt sich bei Wiederholungen einzelner Sequenzen beim Dreh heraus, dass er seine Statements gut, fast wörtlich einstudiert hat.[119] Er fährt uns mit seinem komfortablen SUV über die frisch angelegten Schotterstraßen, die sich oft im Halbkreis an die riesigen Felder schmiegen. Eine gute halbe Stunde dauert die Fahrt von der Fabrik an den Fluss Rokel, wo uns der Manager stolz die riesigen Pumpanlagen zeigt, mit der die Felder bewässert werden.

Den Vorgang der Landnahme beschreibt der Addax-Manager aus Südafrika so: »Wir haben das Land durch einen Prozess bekommen, der an der Basis begonnen hat. Natürlich wusste die

Regierung, was wir machen, und hat uns die nötigen Lizenzen gegeben. Wir sind in die Dörfer gegangen und haben den Menschen dort und dem Rat der Bezirkschefs (chiefdom counsils) von unserem Plan erzählt. Die Bezirkschefs haben uns den Zugang zu diesem Land genehmigt, zunächst für 50 Jahre und dann für weitere 26 Jahre. Das Land gehört nicht uns, wir haben es von den Dörfern gepachtet. Jedes Jahr bezahlen wir eine Pachtgebühr. Davon bekommen die Eigentümer in den Dörfern 50 Prozent, 20 Prozent der Bezirk, 20 Prozent die Häuptlinge (chiefs) und zehn Prozent die Regierung. Das unterscheidet uns von anderen Projekten, wo das meiste Geld an die Regierung fließt.«

Deutlich anders klingt derselbe Vorgang, wenn er von einem Dorfsprecher erzählt wird. »Wenn der oberste Bezirkschef mir sagt, dass er den Vertrag unterschrieben hat, und auch alle, die über uns sind, dem zugestimmt haben, muss ich als einfacher Dorfbewohner das einfach akzeptieren«, sagt Ibrahim Serie, Dorfvorsteher von Mabansa.

*Addax-Manager John Moult (links) in der Biosprit-Raffinerie: »Wir bezahlen Pacht an die Eigentümer des Bodens, an die Bezirkschefs und an die Regierung. Das unterscheidet uns von anderen Projekten, wo das meiste Geld an die Regierung fließt.«*

151

»Sie haben mit ihren Unterschriften das Land an Addax gegeben. Wir alle hatten Angst und unterschrieben auch. Ich habe
selbst beim Abstecken der Grenzen mitgewirkt. Als wir damit
fertig waren, ist Addax mit einer Karte gekommen und hat gesagt:
›So groß ist euer Land jetzt.‹ Sie haben gesagt: ›Ihr habt soundso
viel Hektar.‹ Aber wir wussten nicht, was ein Hektar ist.«[120]

Tatsächlich hat Addax vieles getan, um den Geldgebern des
Projekts das Bild eines fairen Deals zu vermitteln. Neben den
eigenen Anwälten wurden auch Anwälte für die Seite der Bauern
engagiert – aber auch die arbeiteten auf Rechnung von Addax,
ein fairer Interessenausgleich sieht anders aus. Und die Pachtverträge wurden nicht zwischen Addax und den Landeigentümern
direkt geschlossen, sondern mit den Chiefs, vergleichbar etwa
einem Bürgermeister. Direkt mit den Landeigentümern wurden
lediglich sogenannte Acknowledgment Agreements geschlossen.
Also Verträge, in denen Addax die Eigentumsrechte der Bauern
anerkennt.

Und auch von einem »Dialog«, bei dem beide Seiten ihre Wün-
sche äußern und man dann zu einer Lösung kommt, war wohl nur
die Rede. Der Vertragstext stand gar nicht zur Disposition, über
ihn ist nie verhandelt worden. Die Addax-Anwälte haben den
Vertrag in juristischem Englisch verfasst und der »Dialog« be-
stand darin, den Dorfbewohnern die Inhalte näherzubringen.[121]
Die tatsächliche Bedeutung einiger Inhalte ist ihnen freilich erst
bekannt geworden, als die Verträge längst durch die »Paramount
Chiefs«, das sind in etwa Bürgermeister der Region, unterzeichnet
waren und Addax bereits im Projektgebiet aktiv war. So räumt der
Vertrag Addax Anspruch auf das *gesamte* Land der Dorfbewohner ein. Addax hat für 76 Jahre das exklusive Verfügungsrecht
über Felder, Flüsse, Dörfer, Wälder und alle anderen Formen der
Umwelt. Addax kann entscheiden, welche Ressourcen das Unternehmen teilen will und welche es exklusiv nützt.

Aber es war nie die Absicht der Eigentümer, ihre ganzen Dörfer zu verpachten, erzählen uns die Dorfbewohner. Später hat

Addax die beanspruchten Flächen definiert, denn für alle ausgewählten Flächen muss Addax die jährlichen Pachtgebühren bezahlen. Insgesamt hat Addax 14.300 Hektar gepachtet, wobei im Vertrag festgestellt wird, dass Addax beabsichtigt, die Anbaufläche für Zuckerrohr auf 20.000 Hektar auszuweiten.

Die Pachtgebühr von zwölf Dollar pro Jahr und Hektar wurde nicht verhandelt, sondern von der Regierung Sierra Leones festgelegt. Da die Landeigentümer davon 50 Prozent bekommen, bedeutet das, dass ein Bauer bei der durchschnittlichen Größe der Äcker von einem Hektar nun sechs Dollar im Jahr dafür bekommt, dass er kein eigenes Land mehr hat. Die »Paramount Chiefs«, welche die Verträge abgeschlossen haben, bekommen dagegen für das Projektgebiet immerhin rund 50.000 Dollar im Jahr.

Auch die Entschädigungen für die abgeholzten Nutzpflanzen werden von Dorfbewohnern als viel zu gering kritisiert. »Die Pacht für das von Addax übernommene Land und die Entschädigungszahlung für die abgeholzten Ölpalmen sind zu gering«,

*Dorf im Addax-Projektgebiet: Die Ernten auf den neuen Feldern des Bauern-Entwicklungsprogramms waren zu gering, es gibt nicht genug zu essen und kein Geld, um die Traktoren zu bezahlen.*

sagt Landbesitzer Mohamed Bangura. Die Vernichtung einer normalen Ölpalme wurde nur mit knapp sechs Dollar entschädigt, die für eine verbesserte Sorte mit neun Dollar, berichtet die Entwicklungshilfeorganisation, die den Ablauf überprüfte.[122] Damit entgeht den Bauern viel Geld, denn allein in einem Jahr verdient ein Bauer mit einer normalen Ölpalme an die 20 Dollar. Rechnet man die 20 ertragreichen Jahre einer Ölpalme, so entgehen einem Dorfbewohner durch das Roden einer Palme mehr als 400 Dollar.

Damit die Menschen aus den 53 Dörfern im Addax-Projektgebiet nicht hungern müssen, weil sie große Flächen an Addax verpachtet haben, hat Addax das »Farmers Development Program« (FDP) ins Leben gerufen und auch in vielen Broschüren als wichtige Maßnahme zur Ernährungssicherheit vermarktet. Auf 2.000 Hektar Gemeinschaftsfeldern soll hier Reis für die Dorfbewohner angebaut werden. Laut Addax werden durch das »größte Nahrungsmittelproduktionsprogramm in Sierra Leone« die traditionellen »Hungermonate eliminiert«.[123]

John Moult beschreibt uns auf der Fahrt durch das Projektgebiet das Programm in prächtigen Farben: »Um Ernährungssicherheit für die Dorfbewohner in unserem Projektgebiet zu gewährleisten, haben wir das Bauern-Entwicklungsprogramm ins Leben gerufen. In Absprache mit den Dorfbewohnern wird jedem Haushalt eine bestimmte Fläche zugewiesen. Die Familien müssen sich selbst um das Unkraut kümmern, aber für Vorbereitung, das heißt für das Pflügen und Eggen ist unser Unternehmen verantwortlich. Das Programm erstreckt sich über drei Jahre. Im ersten Jahr übernimmt unsere Firma hundert Prozent der Kosten, im zweiten Jahr zwei Drittel, im dritten Jahr ein Drittel, und im vierten Jahr müssen die Bewohner die Traktoren selbst bezahlen.«

Dorfbewohner geben auch hier ein anderes Bild. »Wir haben zu wenig Reis zum Essen, wie sollen wir uns da Geld ersparen, um im vierten Jahr Traktoren zu mieten?«, sagt der Dorfschmied Mohammed B. Konte.[124] Die 2.000 Hektar, die nun allen Bewohnern des Projektgebiets zugeteilt und von Addax-Traktoren bearbeitet werden, haben sich als zu wenig ertragreich herausgestellt.

»Vor dem Bürgerkrieg hatten alle genug zu essen, dann haben die Rebellen unsere Vorräte geplündert«, erzählt Konte, »Addax hat jetzt viel Geld ausgegeben, aber sie haben damit nichts erreicht, viele in unserem Dorf haben Hunger.« Die Reisernte auf den Gemeinschaftsfeldern sei so gering gewesen, dass den Dorfbewohnern ihr eigener Reis nicht einmal zum Essen reichte, geschweige denn ihn zu verkaufen und sich dann die Miete für Traktoren leisten zu können.

Für die schlechten Ernten gibt es auch laut den Experten der NGOs mehrere Gründe: Der Reis wird Jahr für Jahr auf den gleichen FDP-Feldern angebaut. Die intensive Anbaumethode reduziert die Bodenfruchtbarkeit, sodass die Ernten immer geringer ausfallen.

Da das Addax-Projektgebiet sehr groß ist, schafft es Addax obendrein nicht, alle FDP-Felder zum optimalen Zeitpunkt mit den Traktoren zu pflügen und zu eggen. Die Felder einiger Dörfer werden zu spät bearbeitet, um gute Erträge erzielen zu können. Außerdem werden die Feldstücke erst nach dem Aussäen etc. den einzelnen Familien jedes Jahr neu zugeteilt. Oft geschieht die Zuteilung sehr spät, sodass das Unkraut nicht mehr zu bewältigen ist.

Einige der FDP-Felder wurden auch auf schlechten Böden angelegt.[125] Noch schlimmer findet Dorfschmied Konte aber die sozialen Auswirkungen: »Die jungen Leute bewerben sich um Jobs bei Addax, aber selbst wenn sie dabei Erfolg haben, sind das Stellen für zwei, drei Monate. In der Zeit haben sie dann ihre Felder vernachlässigt.«

Auch Addax gibt zu, dass in zwei von drei Chiefdoms zu wenig Reis produziert wurde. Addax geht von einem Reisbedarf von hundert Kilo pro Person und Jahr aus, um Nahrungssicherheit zu gewährleisten. Sogar nach den Addax-Berichten wurde das teilweise nicht erreicht.[126]

*Traktoren des Bauern-Entwicklungsprogramms: Die intensive Anbaumethode reduziert die Bodenfruchtbarkeit, manche Felder wurden zu spät bearbeitet, die Erträge reichten nicht.*

Die riesigen kreisrunden »Pivots« der Zuckerrohrplantage verändern die Strukturen nachhaltig – und sie brauchen enorme Wassermengen. Die Dorfbewohner klagen, dass es schwierig geworden sei, genügend Brennholz und Bauholz zu finden. Auch schränkten die Plantagen von Addax den Zugang zu Buschland oder Wäldern ein. Und bei mindestens zwei Dörfern wurden Wasserquellen zerstört.

»Wenn Addax uns keinen Brunnen baut, bringen sie uns um«, sagt Ibrahim Serie, Dorfvorsteher von Mabansa. »Jetzt mischt Addax sogar Chemikalien ins Wasser und versprüht es auf den Feldern. Zuerst wurden die Pestizide von Hand ausgebracht. Doch Addax sagt, es wurde zu viel gestohlen. Nun schicken sie die Chemikalien mit dem Wasser durch die Beregnungsanlage auf die Felder. Unsere Tiere sterben, wenn sie das Unkraut am Rand der Zuckerrohrfelder fressen.«

Unabhängige Prüfungen des Wassers im Addax-Gebiet im März 2014 haben ergeben, dass Brunnen und Oberflächenwasser mit verschiedenen Herbiziden belastet waren, unter anderem mit Diuron, das in Frankreich verboten ist und in der EU zu den gefährlichen Substanzen zählt, die schrittweise verboten werden sollen. Die gemessene Konzentration gilt als nicht gesundheitsgefährdend. Doch die Autoren betonen: Es muss weiter überprüft werden, wenn die gesamte Fläche bewirtschaftet wird.

»Wir haben nun ein großes Problem. Wir haben gemerkt, dass wir sehr viel verloren haben«, setzt der Dorfvorsteher von Mabansa seine Rede fort. »Selbst wenn wir nur ein paar Äste zum Bauen brauchen, lassen sie uns nicht dorthin. Wir haben gefragt, ob wir Äste nehmen dürfen. Addax verweigert uns das. Wir wollen einen Teil unseres Landes zurück. Das ist unsere einzige Hoffnung.«

»80 Prozent des Gewinns durch das Projekt gehen an den Betreiber Addax«, sagt Yvan Maillard Ardenti von der Schweizer Hilfsorganisation »Brot für alle«. Die lokale Bevölkerung profitiere derzeit nur bedingt. Denn die Versprechen, die Addax bei Abschluss des Landpachtvertrages mit den lokalen Vertretern gemacht

*Beregnungsanlagen auf den Zuckerrohrfeldern von Addax. »Wenn Addax uns keinen Brunnen baut, bringen sie uns um. Nur schicken sie die Chemikalien mit dem Wasser durch die Beregnungsanlage auf die Felder.«*

157

hatte, wurden bisher großteils nicht eingehalten. Zu diesem Schluss kommt auch eine unabhängige Evaluierung.

Kritisiert wird darin, dass weder langfristige Arbeitsplätze noch Schulen oder Gesundheitszentren für die Dorfbewohner geschaffen worden seien. Versprechungen, die bei Vertragsabschluss von Addax gemacht wurden und aufgrund derer die Landbesitzer erst zustimmten, das von ihnen bestellte Land zu verpachten, erzählt Maillard Ardenti.

Die jungen Leute im Dorf, erzählt der Dorfvorsteher, haben alle nach einigen Monaten Arbeit als Erntehelfer auf den Addax-Feldern keinen Job mehr. Doch es sei bei der Erläuterung des Pachtvertrages zugesagt worden, dass die Jugend Chancen auf Bildung und Jobs erhielte. »Wir stehen an einem Scheidepunkt«, sagt der Chief mit seiner sonoren Stimme. »Addax hat uns zwar für die Bäume entschädigt, aber den Rest des Vertrages und die Versprechungen haben sie nicht erfüllt. Wir werden sie stoppen, damit sie mit uns reden.«

*Dorfvorsteher Ibrahim Serie: »Wir haben gemerkt, dass wir sehr viel verloren haben. Wir wollen einen Teil unseres Landes zurück. Das ist unsere einzige Hoffnung.« Für Streitigkeiten ist allerdings ein Schiedsgericht in London zuständig.*

*Dreharbeiten bei der Zuckerrohrernte von Addax: Im Juni 2014 verlieh der schwedische Prinz Carl Philip Addax für sein Projekt in Sierra Leone den »World Bioenergy Award«.*

Die Pachtverträge haben auch für Konfliktfälle genaue Abläufe vorgesehen. Streitigkeiten müssen vor einem Schiedsgericht in London verhandelt werden und nicht in Sierra Leone.

Im Juni 2014 verlieh der schwedische Prinz Carl Philip Addax für sein Projekt in Sierra Leone den »World Bioenergy Award«.[127]

# Warum die Agrarindustrie ein Irrweg ist

»Im ersten Durchgang des Kolonialismus sind wir mit Armeen im Gepäck gekommen und haben den Leuten ihr Land weggenommen. Jetzt nehmen wir es ihnen wieder weg«, sagt Felix zu Löwenstein bei einem der vielen Gespräche während der Produktionszeit des Filmes »Landraub«. »Das Schlimme ist, es wird dadurch das Land noch nicht einmal besser genutzt.«

Die meisten Leute glauben ja, so Löwenstein, dass man nur auf eine großflächige, industrielle Landwirtschaft setzen kann, wenn von globaler Ernährungssicherung die Rede ist. Es scheint, als sei niemandem bewusst, dass 70 Prozent der Weltnahrungsmittel überhaupt nicht von dieser Art von Landwirtschaft produziert werden, sondern von Kleinbauern, von handwerklichen Fischern und von Urban Farming.

Auch in Österreich und in Süddeutschland ist die überwiegende Mehrheit der landwirtschaftlichen Betriebe bis heute kleinbäuerlich.

Deshalb hat für die Zukunft der Welternährung der Kleinbauer den Schlüssel in der Hand. Beziehungsweise, die Politik hat es in der Hand, Bedingungen zu gestalten, die den Kleinbauern statt den Investoren günstige Voraussetzungen zur Weiterentwicklung geben. Und das hat mit Romantik nichts zu tun. Die Agrarindustrie dagegen ist keineswegs so produktiv wie oft behauptet, weil sie ja enorme Mengen an aufwendig hergestellter Chemie und Mechanik verbraucht. Industrielle Landwirtschaft verbraucht zehnmal mehr Energie, als sie einsetzt, bei Kleinbauern ist es umgekehrt. Laut Weltklimarat lässt sich mittlerweile ein Drittel der Treibhausgasemissionen auf Landbau und Tierzucht zurück-

*Weizenernte in Rumänien: Allmählich wird der Boden durch chemische Düngung mineralisch, pulvrig, sandig und verdichtet. Er verliert seine natürliche Struktur, die ihm hilft, wie ein Schwamm sehr schnell viel Wasser aufzunehmen.*

führen. Damit ist die Agrarindustrie in nur wenigen Jahrzehnten zum Hauptverursacher des Klimakollapses geworden.

»Landwirtschaft muss wie eine Fabrik geplant werden«, sagte uns Karmjit Sekhon, der Farmmanager von Karuturis gigantomanischem 300.000-Hektar-Projekt in der äthiopischen Provinz Gambela. Mittlerweile ist es gescheitert. Aber die Aussage spiegelt das Verständnis vieler Agrarinvestoren wider. Sie verfolgen eine industrielle Landwirtschaft, welche die Natur wie eine Fabrik betrachtet. Sie ebnen die Böden ein, lassen keine Bäume mehr zu und züchten Pflanzen, die gegen das Gift unempfindlich sind, das alles andere Grün vernichtet.

Wer viel herausholen will, muss viel hineinstecken. Stickstoff und Phosphate schaffen im Boden ein künstliches Überangebot an Nährstoffen, das die Pflanzen zu starkem Wachstum anregt. Die Erde selbst hat dabei nur noch die Funktion eines Substrates, über das die Nährstoffe zur Pflanze gelangen.

Allmählich wird der Boden durch diese Düngung aber mineralisch, pulvrig, sandig und verdichtet. Er verliert seine natürliche Struktur, die ihm hilft, wie ein Schwamm sehr schnell viel Wasser aufzunehmen. Heftige Gewitterschauer können dann in kürzester Zeit riesige Mengen Erde wegreißen. Im trockenen Zustand ist der sandige Boden obendrein durch starken Wind gefährdet. Jedes Jahr gehen so allein in Deutschland und Österreich Millionen Tonnen guten Ackerbodens verloren.

Alternative, sogenannte agrarökologische Verfahren betrachten die Landwirtschaft als Kreislaufsystem und den Boden mit seinen Milliarden Kleinstlebewesen als entscheidenden Partner. Die wesentlichen Inputs sind Sonnenlicht und Wasser. Um langfristig gute Erträge zu erzielen, muss man die komplexen Ökosysteme verstehen.

Agrarwissenschaftler Löwenstein ist weder Romantiker noch naiv. Er weiß: Erfolgreich haben sich in den letzten Jahren jene

*Kleinbauern in Äthiopien: Teure Maschinen oder Investitionen für Gen-Saatgut, Pestizide und Kunstdünger sind nicht das, was den Bauern mit weniger als zwei Hektar Land hilft.*

Modelle erwiesen, bei denen bäuerliche Praxis und wissenschaftliche Forschung kombiniert wurden.

Eine ganze Reihe von Erfahrungen hat Felix zu Löwenstein vom klassischen Landwirt zum Vertreter der ökologischen Landwirtschaft gemacht: Er hat als Entwicklungshelfer auf Haiti in den 1980er-Jahren mit angesehen, was passiert, wenn der fruchtbare Ackerboden durch Wasser oder Winderosion verlorengeht. Nach ausgedehnten Rodungen und intensiver Bewirtschaftung wurde dort eine an die 30 Zentimeter dicke Humusschicht von den Bergen ins Meer gespült. Damit war auf einen Schlag die Lebensgrundlage der Haitianer auf Nimmerwiedersehen verschwunden. Die Bevölkerung ist heute auf Lebensmittelimporte angewiesen.

»Eine Landwirtschaft, die wenig Input braucht, in der also keine Spritzmittel, Düngemittel oder Patente für Saatgut bezahlt werden müssen, ist natürlich ideal für Kleinbauern, die ohnehin kein Kapital haben«, erklärt Löwenstein. Darum ist die ökologische Landwirtschaft in seinen Augen wie geschaffen für Kleinbauern in den Entwicklungs- und Schwellenländern.

Löwenstein ist fast jedes Jahr im Winter, wenn auf dem Acker nicht viel zu tun ist, als Berater in Entwicklungshilfeprojekten unterwegs. Er kennt sich aus mit den Bedürfnissen der Kleinbauern in Afrika, Lateinamerika und Asien. Teure Maschinen oder Investitionen für Gen-Saatgut, Pestizide und Kunstdünger sind nicht das, was den Bauern mit weniger als zwei Hektar Land hilft. Im Gegenteil. Sie geraten so nur allzu oft in eine Schuldenfalle. Was Kleinbauern wirklich benötigen, sind günstige Anbaumethoden, die sich mit der traditionellen Form der Landwirtschaft kombinieren lassen und die Erträge steigern, ohne den Boden zu gefährden. Bio-Landbau ist dafür geradezu prädestiniert. Viele Studien und Projekte mit mehreren tausend Kleinbauern in Afrika beweisen, dass die Familien so ihre Versorgungssicherheit erhöhen und durch bessere Erträge sogar einen Teil ihrer Ernte verkaufen konnten.

# Tigray: Kleine Bauern, große Lösungen

Wir reisen mit Felix zu Löwenstein in die nordäthiopische Provinz Tigray. Hailu Araya begleitet uns. Der Agrarwissenschaftler vom Institute of Sustainable Development arbeitet mit seinem Team seit 15 Jahren in der Region gemeinsam mit den Bauern an vernünftigen, zukunftsweisenden Projekten.[128] Das Institut wurde vom Träger des Alternativen Nobelpreises Tewolde Berhan Gebre Egziabher und seiner Frau Sue Edwards gegründet.

Der Flug von Addis Abeba über das Hochland in den Norden zeigt die Pracht des Landes, aber auch die Probleme – dichtes Grün und wüstenartige Dürregebiete wechseln einander ab.

Wir beziehen unsere Zimmer in einem kleinen Hotel in Aksum, der Hauptstadt der Region. Für die historischen Stätten hier bleibt keine Zeit, ein Blick auf König Ezanas Stele muss reichen, die Heiligtümer der äthiopisch-orthodoxen Kirche bleiben uns verschlossen.

Am nächsten Morgen geht es in die umliegenden Dörfer. Hier zwangen vor 20 Jahren Dürre und Bürgerkrieg Hunderttausende zur Flucht. »Dieses Land ist wie geschaffen für Kleinbauern. Sie bewahren die Bodenfruchtbarkeit und die Landschaft. Das ist ihre einzige Nahrungs- und Einnahmequelle«, erklärt Ayara auf der Fahrt durch die gelbgrüne Landschaft. Die Felder sind sehr kleinteilig und auffallend bunt. Viele Menschen sind in weißer Kleidung zu Fuß unterwegs, einer der vielen Feiertage der äthiopisch-orthodoxen Kirche will im Wortsinn begangen werden, die Kirchen sind oft Stunden entfernt.

Wir verlassen die Autos und gehen auf einem schmalen Saumpfad ein kleines Tal hinauf. Und immer noch sind die Bedingungen schwierig, erklärt uns der Agrarexperte. Durch das Bevölkerungswachstum steht pro Person immer weniger Land zur Verfügung, oft sind die Böden ausgelaugt, durch Erosion geht jedes Jahr fruchtbare Erde verloren und der Klimawandel lässt die Niederschläge immer unberechenbarer werden.

»Jeder Regen hat hier mehr Erde von ihren Feldern gewaschen, der Boden wurde immer karger und die Ernten immer magerer«, erzählt er, »aber 2007 haben wir begonnen, gemeinsam mit den Bauern mit lokal verfügbarem Material Wasserrückhaltebecken zu bauen.« Um sie zu stabilisieren, wurden die Ränder der Becken mit Bäumen und Gräsern bepflanzt. »Dadurch konnte auch die Erosion der Felder gestoppt werden.« Kleine Leitungen und Kanäle führen zu den auf Terrassen angelegten Feldern. Hailu erklärt in betulichem Englisch Felix zu Löwenstein jedes Detail, und die Essenz dieser Erklärungen ist eindrucksvoll: Die Wasserrückhaltebecken ermöglichen Mikrobewässerung, dadurch können die Bauern das ganze Jahr hindurch Getreide, Gemüse und Obst anbauen. Die Bauern haben auch wieder gelernt,

*Mischkulturen auf den Feldern von Tigray: Mit ›Push and Pull‹ durch Elefantengras und Leguminosen lassen sich die Erträge mehr als verdreifachen.*

Kompost herzustellen, und konnten so die Bodenqualität ihrer Felder und ihre Ernteerträge deutlich verbessern.

Auch in anderen Regionen der Welt, etwa in Indien, konnten durch den Bau von Wasserrückhaltebecken die Lebensbedingungen der Bauern deutlich verbessert werden, erzählt Felix zu Löwenstein.

Wir queren den kleinen Fluss auf etwas waghalsig darüber gelegten Brettern und besuchen einen Bauern, der den Gästen aus der Hauptstadt und aus Europa freundlich seine Äcker zeigt. Rund um ein Maisfeld versperren hohe Gräser den Blick, zwischen den Maisstauden wachsen dunkelgrüne Pflanzen, die nicht wie Unkraut aussehen. Elefantengras und Desmodium, erklärt mir Felix zu Löwenstein, das gehört zur Push-Pull-Methode.

Er lächelt, als er meinen fragenden Blick sieht und erklärt: »Push and Pull« schützt Mais und andere Nutzpflanzen vor dem Stängelbohrer, einem Verwandten des europäischen Maiszünslers, der die Maisernte zu 40 bis 80 Prozent vernichtet. Gleichzeitig befreit diese Methode die Felder vom parasitischen Strigakraut, das in manchen Regionen die Ernten erheblich reduziert, und führt zu einer deutlich besseren Nährstoffversorgung der Nutzpflanzen. Etwa 100.000 Bauern in der Region wenden »Push and Pull« bereits an und können damit ihre Ernten von einer Tonne auf 3,5 Tonnen pro Hektar mehr als verdreifachen.

Das hört sich nach Zauberei an, ist jedoch nur das Ergebnis genauer Beobachtung und intensiver Forschung. Desmodium gehört zu den Hülsenfrüchten (Leguminosen), wird ca. 20 Zentimeter hoch und hat unscheinbare Blüten. Zum einen vertreibt es durch seinen Geruch die Stängelbohrermotten aus dem Feld. Zum andern scheiden seine Wurzeln Stoffe aus, die das schädliche Strigakraut zum Keimen bringen, und gleichzeitig auch Stoffe, die den Keim sogleich abtöten. So werden die Samen nicht nur an der Entwicklung gehindert, sondern aktiv aus dem Boden entfernt. Das ist wichtig, da eine einzige Strigapflanze bis zu 20.000 Samen produziert, die im Boden bis zu 20 Jahre keim-

fähig bleiben. Schließlich kann Desmodium wie alle Leguminosen atmosphärischen Stickstoff organisch binden und so für
sein Wachstum und das der umliegenden Pflanzen verfügbar
machen.

Und das Elefantengras dient als Falle für die Stängelbohrermotten. Im Gegensatz zum Geruch des Desmodiums lieben die
Motten den Geruch des Elefantengrases. Sie legen deshalb ihre
Eier bevorzugt auf Elefantengras ab. Wenn die Larven schlüpfen,
können sie sich aber darauf nicht entwickeln, und wenn sie versuchen, in den Stängel der Pflanzen einzudringen, scheiden diese
eine schleimige Substanz aus, die die Larven abtötet. Die Kombi-
nation von Pflanzen, die den Stängelbohrer aus dem Feld hinaus-
treiben, und solchen, die sie anlocken und dann vernichten, nennen
die Forscher Push-Pull-Strategie (Abstoßen und Anziehen).[129]

Früher, erzählt der Bauer, haben seine eineinhalb Hektar
nicht gereicht, um die Familie zu ernähren. Jetzt aber kann er

*Kleinbauer Gebreyesus Tesfay mit Pflug auf dem Weg zur Arbeit: »Früher gab es
keine Bewässerung, aber dafür Hunger. Heute ernten wir dreimal im Jahr.«*

sogar einen Teil seiner Ernte verkaufen. Und das bringt so viel ein, dass seine Tochter und sein Sohn in der Hauptstadt studieren können.

Wir fahren weiter, die Felder werden noch bunter. Mischkulturen, erklärt Hailu Araya, sind stabiler und ertragreicher als Monokulturen. Fingerhirse und andere Hirsesorten, Fingerhirse mit Sorghum, die äthiopische Hirseart namens Teff und Nigersaat, alles wächst gemeinsam und wird dann einzeln mit der Sichel geerntet. Harte Handarbeit, aber auch Arbeit für viele Hände.

In einem breiteren Tal besuchen wir einen anderen Bauern, der uns auch in seinen kleinen Hof bittet. »Früher gab es keine Bewässerung, sondern Hunger«, erzählt Gebreyesus Tesfay, »jetzt bepflanzen wir unsere Felder dreimal im Jahr. Wenn wir das Kraut geerntet haben, pflanzen wir entweder Tomaten oder Mais.«[130]

Auch beim Getreide hat sich viel geändert, erzählt Tesfay, während er mit seinem aus Pflanzenrückständen gewonnenen Spezialdünger das Kohlfeld düngt. »Oft bogen sich die Teffsetzlinge und wir ernteten nur Stroh. Durch Reihenpflanzung wurde jetzt der Ertrag gesteigert.«

Teff ist eine traditionelle Getreideart Äthiopiens, aus der das Nationalgericht Injera gemacht wird, Fladen aus gesäuertem Teig, für europäische Gaumen durchaus gewöhnungsbedürftig. Reihenpflanzung ist eine weitere dieser intelligenten Adaptierungen traditioneller Anbaumethoden. Statt mit der Hand zu säen werden zunächst die Keimlinge separat gezüchtet und dann in präzisen Reihen ausgepflanzt. So entstehen aus einem einzigen Korn bis zu 20 Halme, und die sind wesentlich stabiler. Ertragssteigerung: um die 70 Prozent.

# Reihen, die mehr als aneinanderreihen

Hailu Araya erzählt auf der Rückfahrt in die Stadt nicht ohne Stolz, dass inzwischen 160.000 Bauern die Reihenpflanzung anwenden. Bauern, die bereit waren, ihre Teffsetzlinge extra noch zu verpflanzen, hatten sogar Zuwächse um 200 bis 300 Prozent und brauchten obendrein deutlich weniger Saatgut.[131]

Abends nach dem Essen gibt es eine kleine Lektion in modernem Wissen um verbesserte Anbaumethoden, die im Einklang mit der Natur – und nicht gegen sie – die Erträge steigern helfen. Entwickelt wurde die Methode der Anbau-Intensivierung durch Reihenpflanzung vom französischen Jesuitenmönch und Agraringenieur Henri de Laulanié in den 1970er-Jahren auf Madagaskar. Er experimentierte mit verschiedenen, auch unkonventionellen Methoden, um die Reis-Erträge der armen Bauern zu steigern. Schließlich konnte er mit Reihenpflanzung die Ernte von zwei Tonnen Reis auf acht Tonnen pro Hektar und Jahr steigern. Davon erfuhr Norman Uphoff, ein US-amerikanischer Politikwissenschaftler, der zu jener Zeit auf Madagaskar ein Projekt zum Schutz des Regenwalds durchführte. Uphoff war Professor an der renommierten Cornell University im Staat New York und leitete dort das internationale Institut für Ernährung, Landwirtschaft und Entwicklung.

Auf Madagaskar erkannte Uphoff schnell, dass die Menschen den Regenwald abholzten, weil sie auf ihren Feldern zu wenig Reis ernteten und immer neue Flächen brauchten. Er hörte von Laulaniés System der Reis-Intensivierung und testete es. Als dreimal hintereinander die Ernte bei mehr als acht Tonnen pro Hektar lag, beschloss er 1997, diese Methode weltweit zu verbreiten, vor allem in Asien, wo mehr als 600 Millionen Menschen unter

Mangelernährung leiden und Reis das Hauptnahrungsmittel darstellt.

Das System der Reis-Intensivierung (SRI) ist inzwischen ein Open-Source-System. Es ist weder durch Patente noch Lizenzen geschützt und konnte sich daher schnell ausbreiten. Die Methode basiert auf wenigen Prinzipien:

Die Setzlinge werden früh, schnell – bereits nach zehn Tagen, nicht nach vier Wochen, wie im konventionellen Anbau – und achtsam verpflanzt. Die Zeit von der Entnahme aus dem Saatbeet bis zum Feld soll möglichst kurz sein, ideal wenige Minuten, maximal wenige Stunden. Dabei ist darauf zu achten, dass die Wurzeln nicht verletzt werden.

Geringe Pflanzendichte: Es werden nicht mehrere Setzlinge zusammen ausgepflanzt, sondern jeweils nur eine Pflanze in großem Abstand.

Der Boden soll mit organischem Material angereichert werden. Die Wasserzufuhr wird verringert. Die Böden sollen stets feucht sein, aber die Felder werden nicht geflutet.

In Indiens ärmstem Bundesstaat Bihar vollzieht sich dank der SRI-Methode fast unbemerkt eine zweite, wirklich nachhaltige grüne Revolution. Lagen die Durchschnittserträge viele Jahre bei etwa 1,5 Tonnen Reis pro Hektar, ernten die Bauern und Bäuerinnen jetzt drei bis vier Tonnen. Statt nur vier Monate können sie sich nun ein ganzes Jahr vom Ertrag ihrer kleinen Felder ernähren.

Bei der SRI-Methode entwickeln die Pflanzen stärkere Wurzeln, bilden mehr Halme und haben deutlich höhere Erträge. Das Verfahren findet auch bei anderen Pflanzen wie Kartoffeln oder Weizen Anwendung. 2011 ist es dem Bauern Sumant Kumar gelungen, einen Ertrag von 22 Tonnen Reis pro Hektar zu erzielen – Weltrekord. Allerdings konnte dieses Ergebnis nicht wiederholt werden. Auch mit Kartoffeln wurden Spitzenernten erzielt. Wichtiger als die Rekorde ist jedoch die Tatsache, dass die Kleinbauern und -bäuerinnen durch die SRI-Methode mit

*Ernte des traditionellen äthiopischen Getreides Teff in Tigray: Ertragssteigerungen von bis zu 200 Prozent durch Anpflanzung in Reihen.*

deutlich weniger Saatgut, Kunstdünger und Wasser ihre Erträge massiv erhöhen können. SRI gilt daher vielen als bedeutsamste landwirtschaftliche Entwicklung der letzten 50 Jahre.

In Bihar wurden die wirtschaftlichen Vorteile der SRI-Methode berechnet. Da die Bauern weniger Saatgut, Wasser und Pflanzenschutzmittel brauchen, sparen sie sich ein Drittel der Kosten. Gleichzeitig können sie durchschnittlich mit dem dreifachen Ertrag rechnen.

Ähnliche Ergebnisse konnte die Deutsche Gesellschaft für Internationale Zusammenarbeit (GIZ) im Mekongdelta erzielen. Allerdings fielen die Ertragssteigerungen dort geringer aus. Vermutlich, weil die Ernten ohnehin schon recht hoch sind. Laut einer im Juli 2013 veröffentlichten Studie sparten die Bauern in Vietnam bei den Ausgaben für Saatgut 70 Prozent, 35 Prozent bei Düngemitteln und 87 Prozent bei Pflanzenschutzmittel. Sie hatten jedoch einen etwas höheren Arbeitsaufwand. Da sie die Erträge um 44 Prozent steigern konnten und für die bessere Reisqualität einen höheren Verkaufserlös erzielten, erhöhte sich ihr Gewinn

171

insgesamt um 155 Prozent.[132] Und auch in Kambodscha arbeiten bereits 200.000 Bauern mit dieser Methode.[133]

Mittlerweile werden die SRI-Prinzipien in etwa 50 Ländern eingesetzt und längst nicht mehr nur bei Reis. Auch be: Zuckerrohr, Weizen, Teff, Hirse, Ölsaaten wie Senf, Hülsenfrüchten und Gemüsearten wie Melanzani, Chili oder Kartoffeln werden sie mit Erfolg angewandt. Daher sprechen manche Agrarforscher mittlerweile auch vom »System der Ertrags-Intensivierung« (System of Crop Intensification, SCI).

Wenn Kleinbauern mit naturnahen Maßnahmen annähernd die Erträge erreichen können, welche die Agrarindustrie mit zerstörerischem Megaaufwand erzielt, dann ist Felix zu Löwensteins These, dass den Kleinbauern die Zukunft gehört, tatsächlich nicht naiver Wunsch, sondern konkrete Möglichkeit.

Allerdings bedeutet ökologischer Landbau nicht, der Natur freien Lauf zu lassen, warnt der Experte. »Damit Biolandbau funktioniert, braucht es eine sehr gezielte Mischung der Kulturen, etwa der Flach- und Tiefwurzler oder verschiedener oberirdischer Etagen, um Bodenschichten oder das Sonnenlicht optimal auszunutzen und durch Wechselwirkungen die Krankheitsanfälligkeit zu minimieren.«

Besonders in Entwicklungsländern ist das traditionelle Landbauwissen vielerorts abhandengekommen und muss erst mühsam wieder erarbeitet werden.

Und es wird auch nötig sein, die enorme Verschwendung in den Industriestaaten einzudämmen: Etwa die Hälfte der Nahrungsmittel landet bei uns unverbraucht im Müll, und der Fleischkonsum verbraucht enorme Flächen, weil für eine Kalorie aus Fleisch sieben Kalorien aus Pflanzen erst einmal produziert werden müssen.

# Wer sollte auf die Idee kommen, die Bauern zu vertreiben?

Am nächsten Tag noch ein Besuch bei Desta Arefainai. Er ist Bauer und Priester und lebt mit seiner Frau und vier Kindern in einem kleinen, von Lehmmauern umgebenen Hof gemeinsam mit Schafen, Eseln und Rindern. Irgendwie sieht alles aus wie die netteren Varianten der Krippen, die bei uns auf Weihnachtsmärkten zu sehen sind.

Arefainais Frau bereitet die Soße für die Tefffladen vor, ganz ruhig sitzt sie in der Kochhütte und legt kleine Zweige ins Feuer. Daneben köchelt der geschmackvolle Kaffee, den sie für uns zubereitet. Die Kinder tragen inzwischen die Kuhfladen aus dem

*Dreharbeiten am Hof von Desta Arefainai, Äthiopien: »Die bessere Politik hat unser Leben verändert, denn das Land ist ja gleich geblieben. Wir steigern die Erträge und verbessern die ausgelaugten Böden.«*

173

Hof zum Komposthaufen. Der Bauer hackt Grünzeug. Alle arbeiten und dennoch wirkt die Atmosphäre tief entspannt.

»Die bessere Politik hat unser Leben verändert, denn das Land ist ja gleich geblieben«, sagt Desta Arefainai. »Wir verwenden jetzt Biodünger aus Kompost und Reihenpflanzung. Wir steigern die Erträge und verbessern die ausgelaugten Böden.«[134]

»Die Idylle hier kann nicht darüber hinwegtäuschen, dass die Bauern hier ein sehr hartes Leben haben«, fasst Felix zu Löwenstein unsere Eindrücke und Gedanken für den Schluss des Filmes zusammen. »Und trotzdem ist das hier sehr Mut machend, denn es zeigt, dass Kleinbauern, die an ihre Traditionen anknüpfen und zusammen mit der Wissenschaft neue Wege entwickeln, ihr ökonomisches und ihr soziales System stabilisieren können. Und das ist in einem Kontinent wie Afrika furchtbar wichtig. Hier gibt es 400 Millionen Bauern und gleichzeitig 400 Millionen Arbeitslose. Wer sollte auf die Idee kommen, dass man diese Kleinbauern wegen angeblich mangelnder Produktivität wegscheucht, um an ihrer Stelle eine großindustrielle Landwirtschaft zu platzieren?«

# Nachwort: »Wir sind hier, weil ihr unsere Länder zerstört.«

Der Film »Landraub« ist fertig und erlebt im Mai 2015 im belgischen Leuwen beim »Docville«-Festival seine Weltpremiere. Im Frühherbst 2015 gelangt er in die österreichischen und deutschen Kinos.

Während der Lektor sich über den Buchtext beugt, widmet sich die europäische Medienwelt in gewohnt atemloser und garantiert kurzfristiger Aufregung den Flüchtlingsdramen im Mittelmeer. An die tausend Menschen sind auf einmal ertrunken, weil einer der elenden Kähne kenterte und sank.

Das Sterben wird weitergehen. Unsere Politiker erklären sich bereit, die Such- und Rettungsmaßnahmen mit ein paar Millio-

*Felix zu Löwenstein in Äthiopien: »Wer sollte auf die Idee kommen, dass man diese Kleinbauern wegen angeblich mangelnder Produktivität wegscheucht, um an ihrer Stelle eine großindustrielle Landwirtschaft zu platzieren?«*

175

nen Euro zu intensivieren, und den Schleppern soll der Garaus gemacht werden.

Aber die Schlepper sind nicht schuld an den Flüchtlingsströmen. Kriege und Perspektivlosigkeit zwingen Millionen Menschen, furchtbare Gefahren auf sich zu nehmen, um in Europa ein winziges Stück vom Wohlstandskuchen zu erlangen und es mit seiner zurückgebliebenen Familie zu teilen. Und die Politik der EU hat daran großen Anteil.

Fischereiabkommen mit den Regierungen der westafrikanischen Staaten bringen die Trawler der europäischen Fischereiflotten an die westafrikanische Küste und die regionalen Fischer um ihr Brot.

Und der großflächige Landraub für Agrosprit, Palmöl, Soja und andere Exportfrüchte raubt Millionen Bauern ihre Lebensbasis und die Entwicklungschancen.

»Wir sind hier, weil ihr unsere Länder zerstört« – dieser Slogan der Flüchtlingsorganisation »Karawane« ist bittere Realität.

# Anmerkungen

1 Ernst, Andreas / Langbein, Kurt / Weiss, Hans: Gift-Grün. Chemie in der Landwirtschaft und die Folgen, Köln: Kiepenheuer und Witsch 1986.

2 Landraub – ein Film von Kurt Langbein und Christian Brüser; Kamera: Wolfgang Thaler, Attila Boa, Christian Roth; Ton: Armin Koch, Martin Stiendl; Kamera-Assistenz: Alois Kozar, Boris Steiner, Sebastian Thaler; Schnitt: Andrea Wagner – ab September 2015 im Kino.

3 Löwenstein, Felix zu: Food Crash. Wir werden uns ökologisch ernähren oder gar nicht mehr, München: Pattloch 2011.

4 Löwenstein, Felix zu: Es ist genug da. Für alle. Wenn wir den Hunger bekämpfen, nicht die Natur, München: Knaur 2015.

5 Heinrich-Böll-Stiftung, Institute for Advanced Sustainability Studies, Bund für Umwelt- und Naturschutz Deutschland und Le Monde diplomatique: Bodenatlas: Daten und Fakten über Acker, Land und Erde 2015, Berlin: 2015.

6 Statistik Austria, Zahlen aus 2013.

7 Heinrich-Böll-Stiftung, Institute for Advanced Sustainability Studies, Bund für Umwelt- und Naturschutz Deutschland und Le Monde diplomatique: Bodenatlas: Daten und Fakten über Acker, Land und Erde 2015, Berlin: 2015.

8 Unmüßig, Barbara / Töpfer, Klaus / Weiger, Hubert / Bauer, Barbara: Bodenatlas, Vorwort und Einführung. In: Heinrich-Böll-Stiftung, Institute for Advanced Sustainability Studies, Bund für Umwelt- und Naturschutz Deutschland und Le Monde diplomatique: Bodenatlas: Daten und Fakten über Acker, Land und Erde 2015, Berlin: 2015.

9 Zit. nach Peter Clausing in: Agrarindustrie noch klimaschädlicher (http://www.klimaretter.info/ernaehrung/nachricht/16194-agrarindustrie-noch-klimaschaedlicher), 20.02.2015.

10 Luyssaert, Sebastian et al.: Land management and land-cover change have impacts of similar magnitude on surface temperature, in: Nature Climate Change 4, S. 389–393 (2014).

11 Persönliches Interview, November 2014.

12 Pearce, Fred: Land Grabbing. Der globale Kampf um Grund und Boden, München: Kunstmann 2012.

13  Bommert, Wilfried: Bodenrausch. Die globale Jagd nach den Äckern der Welt, Köln: Bastei Lübbe 2012.

14  Pearce, Fred: Land Grabbing. Der globale Kampf um Grund und Boden, München: Kunstmann 2012, S. 251 ff.

15  Bommert, Wilfried: Bodenrausch. Die globale Jagd nach den Äckern der Welt, Köln: Bastei Lübbe 2012.

16  http://www.boell.de/de/oekologie/wirtschaft-globaler-landraub-einhegung-commons-15057.html

17  Zit. nach Kurt Langbein: Die Milliardenmacher – Geldvermehrung zwischen Gier und Ethik, ORF 2008.

18  Zit. nach ebd.

19  Agriculture Investment Summit, London, Oktober 2014.

20  OECD:»Private financial sector investment in farmland and agriculture infrastructure«, 10.08.2010.

21  Oxfam:»Our Land, our Lives«, London 2012, http://www.oxfam.de/sites/ www.oxfam.de/files/bn-land-lives-freeze-041012-en_embargoed.pdf

22  Zit. nach Oxfam 2013: http://www.oxfam.org/en/pressroom/pressreleases/ 2013-06-17/scandal-land-grabs-and-tax-dodging-continues-expense-worlds-poor

23  Zit. nach Frankfurter Rundschau online, 26.10.2014 (http://www.fr-online. de/wirtschaft/landgrabbing-landraub-in-den-aermsten-laendern-afri-kas,1472780,15012192,view,asFirstTeaser.html).

24  Zit. nach Die Zeit, 4.10.2012 (http://www.zeit.de/wirtschaft/2012-10/ land-hunger-oxfam).

25  http://www.fian.at/assets/FIAN-Landgrabbing-Osteuropa.pdf

26  Gespräch mit Christian Brüser, Sommer 2013.

27  Interview von Christian Brüser, Sommer 2013.

28  Topagrar.com online (http://www.topagrar.com/news/Schwein-News-Ru-maenien-Smithfield-will-moderat-wachsen-91728.html).

29  Die Zeit, Nr. 46/2013.

30  Gespräch mit Christian Brüser, Sommer 2013.

31  Persönliches Gespräch, Sommer 2013.

32  Siehe etwa: http://www.wienerzeitung.at/nachrichten/europa/europaeische_ union/642219_Oesterreichische-Firmen-im-Visier.html, http://kurier.at/ wirtschaft/finanzen/oesterreich-mischt-bei-land-grabbing-in-osteuropa-mit/73.134.697, http://diepresse.com/home/wirtschaft/economist/743282/ Osteuropa_Land-Grabbing-vor-unserer-Haustur, http://derstandard.at/200 0002609460/Die-Vertreibung-der-kleinen-Bauern

33  Persönliches Interview, Juli 2014.

34  http://www.fian.at/assets/FIAN-Landgrabbing-Osteuropa.pdf

35  Interview von Christian Brüser, Sommer 2013.

36  Ramses-zwei.com, angesehen am 06.04.2015. Ramses Zwei GmbH und Farmland and Cereals SRL sind mit eigenem Büro in Bukarest, Constanţa und Timişoara vertreten. Sie arbeiten nach eigenen Angaben mit Mattig & Partner (Schweizer Wirtschaftsprüfungs- und Steuerberatungsgesellschaft) sowie in Bukarest mit der deutschsprachigen Teaha Consulting (Wirtschaftsprüfungs- und Steuerberatungsgesellschaft) zusammen.

37  Persönliches Interview, Oktober 2014.

38  Gespräche im Juni 2014 und März 2015.

39  Die Zeit, 28.07.1955.

40  Siebenbürgische Zeitung, 31.05.2011: 20 Jahre Restitutionsgesetzgebung in Rumänien.

41  Persönliches Interview, Juli 2014.

42  Zit. nach brand eins 07/2013.

43  Statement auf dem Agriculture Investment Summit, London, Oktober 2014.

44  http://www.worldbank.org/en/country/ethiopia/overview

45  Persönliches Gespräch, Oktober 2014.

46  Zit. nach http://www.grain.org/article/entries/5054-karuturi-still-going-down, 09.10.2014.

47  http://www.hrw.org/news/2015/02/23/world-bank-address-ethiopia-findings

48  Süddeutsche Zeitung, 21.01.2015.

49  Zit. nach Wirtschaftsblatt online, 26.03.2015 (http://wirtschaftsblatt.at/home/nachrichten/europa/4693825/Jean-Ziegler_TTIP-ist-das-Armageddon-der-Endkampf).

50  FIAN: Landnahme in Äthiopien, auf dem Prüfstein des Rechts auf Nahrung, 2011.

51  Zit. nach Der Spiegel, 24.11.2005.

52  Persönliches Interview, Oktober 2014.

53  Persönliches Interview, Oktober 2014.

54  Persönliches Interview, Juni 2014.

55  Interview, März 2015.

56  http://www.oecd.org/forum/issues/NACALA%20CORRIDOR%20FUND-FGV%20Projetos.pdf

57  Ebd.

58  http://www.theguardian.com/environment/audioslideshow/2011/dec/22/cerrado-brazil-audio-slideshow

59  http://www.oecd.org/forum/issues/NACALA%20CORRIDOR%20FUND-FGV%20Projetos.pdf

60  http://foodtank.com/news/2014/12/what-happened-to-the-biggest-land-grab-in-africa-searching-for-prosavana-in, http://triplecrisis.com/the-great-land-giveaway-in-mozambique/
61  Persönliches Gespräch, 30.05.2014 in seinem Arbeitszimmer.
62  Zit. nach Thomas Kruchem: Der große Landraub: Bauern des Südens wehren sich gegen Agrarinvestoren, Frankfurt: Brandes und Apsel 2012.
63  Grimsditch, Mark et al.: Untitled: Tenure Security and Inequality in the Cambodian Land Sector, BABSEA, COHRE und JRS, April 2009, S. 1.
64  FIAN: Landgrabbing in Kambodscha – Zuckerrohrplantagen, Menschenrechtsverletzungen und die Handelsinitiative »Alles außer Waffen« der EU, Mai 2014.
65  http://www.amnesty.ch/de/aktuell/magazin/2012-4/luon-sovath
66  http://de.wikipedia.org/wiki/Naturkautschuk
67  Ebd.
68  Pearce, Fred: Land Grabbing. Der globale Kampf um Grund und Boden, München: Kunstmann 2012.
69  http://www.spiegel.de/wirtschaft/unternehmen/hagldeutschebankgibt-beteiligungamkautschukkonzernaufa937030.html; die Deutsche Bank hat sich 2013 nach internationaler Kritik aus dem Geschäft zurückgezogen.
70  FIAN: Landgrabbing in Kambodscha – Zuckerrohrplantagen, Menschenrechtsverletzungen und die Handelsinitiative »Alles außer Waffen« der EU, Mai 2014.
71  Interview, Juni 2014.
72  Bangkok Post, 03.02.2013.
73  Pnom Penh Post, 16.06.2014.
74  FIAN: Landgrabbing in Kambodscha – Zuckerrohrplantagen, Menschenrechtsverletzungen und die Handelsinitiative »Alles außer Waffen« der EU, Mai 2014.
75  Persönliches Interview, Juni 2014.
76  Interview, Juni 2014.
77  FIAN: Landgrabbing in Kambodscha – Zuckerrohrplantagen, Menschenrechtsverletzungen und die Handelsinitiative »Alles außer Waffen« der EU, Mai 2014.
78  Persönliches Interview, November 2014.
79  Phnom Penh Post, 19.03.2014.
80  http://agrofinanz.at/palmoel-investment, 26.01.2015.
81  https://my.linkedin.com/pub/suriya-moorthy-k-munusamy/30/82/13, 21.01.2015.
82  Persönliches Gespräch, Kuala Lumpur, Juni 2014.

83 http://www.indexmundi.com/commodities/?commodity=palm-oil, 21.01.2015.

84 Wenn man, wie Herr Moorthy, mit Produktionskosten von rund 400 Dollar pro Hektar rechnet.

85 Friends oft the Earth: Wilmar International und seine Finanzierer: Verpflichtungen und Widersprüche, Mai 2013 (http://www.reduse.org/sites/reduse/files/Wilmar%20Internationa.%20und%20seine%20Finanzierer.pdf).

86 https://news.vice.com/article/indonesia-is-killing-the-planet-for-palm-oil

87 Greenpeace: Lizenz zum Töten, Die Regenwaldzerstörung der Palmölindustrie treibt den Sumatra-Tiger an den Rand des Aussterbens, 2013, (http://www.greenpeace.org/austria/de/multimedia/Publikationen/dokumente/Lizenz-zum-Toeten/) 19.01.2015.

88 http://www.brot-fuer-die-welt.de/fileadmin/mediapool/2_Downloads/Fachinformationen/Aktuell/Aktuell_08_Palmoel_Internet.pdf

89 Ebd.

90 Greenpeace: Lizenz zum Töten, Die Regenwaldzerstörung der Palmölindustrie treibt den Sumatra-Tiger an den Rand des Aussterbens, 2013 (http://www.greenpeace.org/austria/de/multimedia/Publkationen/dokumente/Lizenz-zum-Toeten/), 19.01.2015.

91 Greenpeace.org, 01.11.2014.

92 http://www.welt.de/wissenschaft/umwelt/article135330454/So-erkennen-Sie-Produkte-die-dem-Urwald-schaden.html

93 Persönliches Interview, PT Hindoli-Plantage, Sumatra, 06.06.2014.

94 Zit. nach Jean Ziegler in: ders.: Hunger ist organisiertes Verbrechen (http://derstandard.at/1360161035793/Ziegler-Hunger-ist-organisiertes-Verbrechen).

95 Persönliches Interview, Brüssel, November 2014.

96 Solomon, Keith R. / Anadón, Arturo / Carrasquilla, Gabriel / Cerdeira, Antonio L. / Marshall, Jon / Sanin, Luz-Helena: Coca and Poppy Eradication in Colombia: Environmental and Human Health Assessment of Aerially Applied Glyphosate. In: Reviews of Environmental Contamination and Toxicology 190 (2007), S. 43–125.

97 http://de.wikipedia.org/wiki/%C3%96lpalme, 19.01.2015.

98 http://www.brot-fuer-die-welt.de/fileadmin/mediapool/2_Downloads/Fachinformationen/Aktuell/Aktuell_08_Palmoel_Internet.pdf

99 Ebd.

100 Hier gibt es abweichende Angaben, manchmal wird der Wert mit 20, manchmal mit 24 Millionen Hektar potenzieller Anbaufläche angegeben.

101 http://www.brot-fuer-die-welt.de/fileadmin/mediapool/2_Downloads/Fach-informationen/Aktuell/Aktuell_08_Palmoel_Internet.pdf
102 Interview mit M.R. Chandran, Kuala Lumpur, Juni 2014.
103 https://www.regenwald.org/news/3645/256-organisationen-aus-aller-welt-palmoellabel-rspo-ist-greenwashing
104 https://greenpeace-berlin.de/2014/05/greencast-174-palmoel/#t=8:34.465
105 http://de.wikipedia.org/wiki/Roundtable_on_Sustainable_Palm_Oil
106 Interview mit M.R. Chandran, Kuala Lumpur, Juni 2014.
107 Ebd.
108 Zit. nach Globalmagazin.com vom 18.01.2015.
109 FAO 2013. Committee on World Food Security. HLPE. Biofuels and Food Security. Draft Report, S. 41.
110 Persönliches Gespräch, Juni 2014.
111 Bommert, Wilfried: Bodenrausch. Die globale Jagd nach den Äckern der Welt, Köln: Bastei Lübbe 2012.
112 Zit. nach Wilfried Bommert: Bodenrausch. Die globale Jagd nach den Äckern der Welt, Köln: Bastei Lübbe 2012.
113 http://www.forbes.com/profile/jean-claude-gandur/
114 http://www.nzz.ch/aktuell/wirtschaft/uebersicht/der-deal-seines-lebens-1.2835814
115 Addax: A Sustainable Investment Model, Genf 2013 (http://www.addaxbio-energy.com).
116 Ebd.
117 Brot für alle: Landgrab (http://www.brotfueralle.ch/fileadmin/deutsch/2_Entwicklungpolitik_allgemein/C_Wirtschaft%20und%20MR/Land-grab/2014_Addax/20140612_Addax_Monitoring_Report_2014.pdf), S. 9.
118 Ziegler, Jean: Wir lassen sie verhungern. Die Massenvernichtung in der Dritten Welt, München: Bertelsmann 2013.
119 Persönliches Interview, Sierra Leone, April 2014.
120 Persönliches Interview, Sierra Leone, April 2014.
121 Der Vertragstext findet sich hier: http://farmlandgrab.org/uploads/attach-ment/ADDAX%20-%20Land%20Lease%20Agreement.pdf
122 http://www.christianaid.org.uk/images/who-is-benefitting-Sierra-Leone-report.pdf, S. 80.
123 http://www.addaxbioenergy.com/en/the-makeni-project/sustainable-invest-ment-model.php
124 Persönliches Gespräch, Sierra Leone, April 2014.
125 http://www.brotfueralle.ch/fileadmin/deutsch/2_Entwicklungpolitik_allge-mein/C_Wirtschaft%20und%20MR/Landgrab/2014_Addax/20140612_Addax_Monitoring_Report_2014.pdf, S. 23.

126 Ebd.

127 http://www.elmia.se/en/worldbioenergy/For-press/news-from-world-bio-energy-not-seen/Commercial-bioenergy-venture-in-Africa-wins-the-2014-World-Bioenergy-Award-/

128 Tedla, Hailu Araya / Gebreamichael, Yohannes / Edwards, Sue: Some Examples of Best Practices by Smallholder Farmers in Ethiopia, Book One, Institute for Sustainable Development (ISD), Addis Abeba 2012.

129 http://de.wikipedia.org/wiki/Push-pull-Technologie, http://www.push-pull. net/, http://www.welt.de/wissenschaft/article1892402/Phantastische-Vermeh-rung- der-Ernten.html

130 Persönliches Interview, Oktober 2014.

131 http://www.agricultureandfoodsecurity.com/content/3/1/4, 12.04.2015.

132 http://infoagro.net/archivos_Infoagro/Regatta/biblioteca/VN-GIZreporton-Lesson.pdf

133 http://sri.cals.cornell.edu/countries/cambodia/index.html

134 Persönliches Interview, Oktober 2014.

# Register

185

# Dank

Es ist mir ein Anliegen, mich beim gesamten Team, das über zwei Jahre in unterschiedlichen Rollen am Film »Landraub« mitgearbeitet hat, und auch bei den Institutionen, welche die Recherchen finanziert haben, zu bedanken:

| | |
|---|---|
| RECHERCHE UND AUFNAHMELEITUNG | Christian Brüser |
| KAMERA | Wolfgang Thaler, Attila Boa, Christian Roth |
| TON | Armin Koch, Martin Stiendl |
| SCHNITT | Andrea Wagner |
| MUSIK | Thomas Kathriner |
| LUFTBILDER | Udo Maurer, Patrick Lavaud |
| KAMERA-ASSISTENZ | Alois Kozar, Boris Steiner, Sebastian Thaler, Andreas Varga |
| SCHNITT-ASSISTENZ | Mathias Kronfuß |
| MISCHTONMEISTER | Michael Plöderl, Klaus Gartner, Blautöne |
| SOUNDDESIGN | Michael Schreiber, Blautöne |
| TITELGRAFIK | Andreas Habermaier, Synchro Film & Video |

| | |
|---|---|
| COLOUR GRADING | Matthias Tomasi, Synchro Film & Video |
| DCP-ERSTELLUNG | Christian Strobl, Synchro Film & Video |
| PRODUKTIONSASSISTENZ | Michael Reiterer, Andrea Unterweger |
| DRAMATURGISCHE BERATUNG | Ursula Wolschlager |
| PRODUKTIONSLEITUNG | Claudia Rabl |
| REDAKTION ORF | Ed Moschitz, Christian Riehs |
| PRODUZENT | Kurt Langbein |

**MIT**

| | |
|---|---|
| Suriya Moorthy | Venerable Luon Sovath |
| Yiey Loeum | Seng Nhak |
| Sang Chu | Ul Yoeum |
| Som Sun | Martin Häusling |
| Felix zu Löwenstein | Andreas Bardeau |
| Valentin Kovacs † | John Giles |
| Christof Walter | Marc Sadler |
| Jan Prins | Alemgema Alemayoh |
| Maxime Luvara | Venerable Thach Samang |
| Heng Kiemhiet | Buang Nan |
| Lam Moung | San Sokphat |

188

John Hartmann   John Moult

Ibrahim Serie   Mohammed B. Konte

Aisatu Kabia   Ami Kamara

Hailu Ayara   Gebreyesus Tesfay

Desta Arefainai


## LOKALE PRODUKTIONSTEAMS UND ÜBERSETZUNGEN

**RUMÄNIEN**   Georgeta Petrovici,
Christine Edelweiss,
Andrea Tranculov,
Sorana Beica,
Hans Hedrich

**KAMBODSCHA**   Srey_in Meas, Ren Chanrith,
Kosal Kar

**ÄTHIOPIEN**   Solomon Fisseha,
Hailu Ayara

**DUBAI**   Kim Perks, Burj al Arab,
Karen Coetzee,
Central Films Dubai,
George Gomes,
Central Films Dubai


189

**INDONESIEN** Christina Lim,
Nuning Maryati, Yeni Aranti
Drohnen-Team:
Patrick Lavaud, Aban,
Rivai Chen

**SIERRA LEONE** John Brima, Ibrahim Fatu,
Abass J. Kamara,
Fatamata Forna, ADDAX
Drohnen-Team: Udo Maurer,
Martin Buxbaum

**MALAYSIA** Capt Ismail Isa,
Weststar General Aviation,
Lex Ariff, Traders Hotel,
Kuala Lumpur

**LONDON** Ian Lawless, terrapinn,
Tania Mateva, terrapinn,
Anne Pritchard-Smith,
Rod Pritchard-Smith

**BRÜSSEL** Corinna Hartmann,
Kirsten van Kampen

## UNTERSTÜTZUNG KAM AUCH VON

Yvan Maillard Ardenti,    Georg Bardeau
Brot für alle

Peter Bardehle    Wilfried Bommert,
Institut für Welternährung

Barbara Daume    Peter Drössler

John Durie    Angela Freingruber

Margit Maier, ORF    Brigitte Ortner

Brigitte Reisenberger, FIAN    Lucia Schrenk, ÖFI

Deepak Singh,    Irmi Salzer,
Værsa Partners    ÖBV – Via Campesina Austria

Miklós-Attila Szőcs-Boruss    Roland Teichmann, ÖFI

Roberto Vitón

Eine Produktion von
Langbein & Partner Media

Hergestellt mit Unterstützung von
Österreichisches Filminstitut

Filmstandort Austria

In Zusammenarbeit mit dem
ORF (Film- Fernsehabkommen)

Im Weltvertrieb von
Autlook

191

»Sie kommen zu uns, weil wir ihre Länder zerstören.« – Kurt Langbein in Sierra Leone.